生活因阅读而精彩

生活因阅读而精彩

白话三十六计

译注与诠释

秋羽／注释

时事出版社

图书在版编目(CIP)数据

白话三十六计:译注与诠释 / 秋羽注释.—北京:
时事出版社,2014.12

ISBN 978-7-80232-757-3

Ⅰ.①白… Ⅱ.①秋… Ⅲ.①兵法-中国-古代
②《三十六计》-译文 ③《三十六计》-注释 Ⅳ.①E892.2

中国版本图书馆 CIP 数据核字(2014)第191007号

出 版 发 行:时事出版社
地　　　址:北京市海淀区万寿寺甲 2 号
邮　　　编:100081
发 行 热 线:(010)88547590 88547591
读者服务部:(010)88547595
传　　　真:(010)88547592
电 子 邮 箱:shishichubanshe@sina.com
网　　　址:www.shishishe.com
印　　　刷:北京建泰印刷有限公司

开本:787×1092 1/16 印张:17 字数:177 千字
2014 年 12 月第 1 版 2014 年 12 月第 1 次印刷
定价:29.80 元
(如有印装质量问题,请与本社发行部联系调换)

前言

《孙子兵法》有云："凡战者，以正合，以奇胜。"在中国古代兵法当中，确实有两本书分别象征着"正"与"奇"。

"正"指的是《孙子兵法》。《孙子兵法》是一部上升到哲学高度的军事理论著作，高屋建瓴地阐述了从治军到作战、从战略到战术的方方面面的基本思想。

而"奇"指的便是《三十六计》。与《孙子兵法》相比，《三十六计》不讲理论，只讲实用；不讲战略，只讲战术；不讲治军，只讲策谋。如果说《孙子兵法》是阳春白雪的话，《三十六计》就是下里巴人。《三十六计》这本并没有具体作者的兵书，处处与被称为"兵学圣典"的《孙子兵法》反其道而行之，却又精微奥妙拥有极强的实用性，这就是后人将这两本书并称为中国古代兵学"双璧"

的原因。

《三十六计》这本书成书于明清时期，之所以说它没有具体作者，是因为这本书是当时的众多学者根据我国古代卓越的军事思想和丰富的斗争经验总结而成的。事实上，在我国，“三十六计”是早就广为流传、妇孺皆知的故事。集先民“韬略”、“诡道”之大成的“三十六计”，被古人广泛应用，视为智慧的源泉、胜利的根本。古往今来众多的名将、军事家，正是凭借着一出出活灵活现的计谋，在瞬息万变的战争中演绎着波澜壮阔、威武雄壮的史诗。也正因为如此，《三十六计》得以体现我国古代最博大精深的谋略文化。顾名思义，《三十六计》中共记载了三十六条计策。原书按计名排列，共分六套，即胜战计、敌战计、攻战计、混战计、并战计、败战计。前三套是处于优势所用之计，后三套是处于劣势所用之计，每套各包含六计。这三十六计当中，每一计都包含原典和按语两部分，原典是对计策的描述，按语则是计策的具体应用和战例分析。

《三十六计》是一本兵法书，但却又并不仅仅是一本兵法书。在政治、军事、外交、商贸、企业经营、人际关系、个人生活等各个领域都可以用到《三十六计》的智慧，活用《三十六计》中的谋略，将会使你获得巨大的成功。

帮助读者活用《三十六计》的智慧正是笔者写作本书的初衷。本书不仅原汁原味地记载、注释并翻译了《三十六计》的原典和译文，同时也花大力气对每一条计策在军事、商业、生活等领域的具体应用进行分析。在分析的过程中，笔者灵活地运用故事与说理相结合的方式，有效地增加了本书的可读性，让读者可以在愉快的阅读过程中领略《三十六计》的真正魅力，并能够理解和使用《三十六计》中那些精微奥妙的谋略。

《三十六计》的智慧影响了无数的古人和今人，从本书开始，你也可以成为《三十六计》这本奇书的受益者。

目录
CONTENTS

第三套 | 攻战计

第四套 | 混战计

第五套 | 并战计

第六套 | 败战计

第一套　胜战计

第一计　瞒天过海

原典

备周[1]则意怠[2]，常见则不疑。阴在阳[3]之内，不在阳之对。太阳，太阴。

阴谋作为，不能于背时[4]秘处行之。夜半行窃，僻巷杀人，愚俗之行[5]，非谋士[6]之所为也。如：开皇九年，大举伐陈。先是弼[7]请缘江防人，每交代之际，必集历阳，大列旗帜，营幕蔽野。陈人以为大兵至，悉发国中士马，既而知防人交代，其众复散。后以为常，不复设备，及若弼以大军济江，陈人弗之觉[8]也。因袭南徐州，拔[9]之。

注释

①备周：防备过于森严，周密。

②意怠：意志松懈。

③阴、阳：阴，指机密。阳，指公开。

④背时：指不合适的时候。

⑤愚俗之行：意思是愚蠢、庸俗的行为。愚俗：愚蠢，庸俗之意。

⑥谋士：指善于谋略之人。

⑦弼：指贺若弼，隋朝著名将领。

⑧陈人弗之觉：陈国人一点也没感觉到。

⑨拔：攻下，攻占之意。

译文

做事时防备过于森严，则很容易使人懈怠大意；对于经常见的事物，则很可能忽略其可疑的地方。机密常蕴含在公开的事物内部，而不是与公开的事物相对立。公开程度越大的行为，越有可能在其中隐藏隐秘的意图。

隐秘的计谋不能在不合适的时候或隐秘的地方进行。夜晚盗窃，在曲折的偏巷中杀人，都是极为庸俗和愚蠢的行为，这不是善谋略之人会做的事。

如：开皇九年（589年），大隋发兵讨伐陈国。行动之前，大隋派大将贺若弼统领江防，每次下达命令的时候，都将军队集中在历阳，然后插上旗帜，搭好营帐。陈国人发现这些，以为大隋的军队前来攻打，于是便集中所有兵马准备作战，不久后知道这只是大隋军队正在调防，便下令撤兵。后来又多次发生这种情况，陈国人便习以为常，放松了警惕。待贺若弼领军渡过长江之时，陈国人竟一点也不知道。于是大隋军队攻占了徐州。

解析

公元557年，陈霸于建康（今江苏南京）建都，定国号为“陈”。公元589年，隋朝欲大举进攻陈国，命吴州总管贺若弼为先行部队，先渡长江，为后续作战打好基础。贺若弼临行前，隋文帝杨坚曾交代他：“要从广陵（今江苏扬州）渡过长江，袭击陈朝守军，为大隋朝劲旅攻克陈朝都城建康铺平道路。长江天险，强攻不是上策，须以巧渡为宜。”

而后，贺若弼带军驻扎广陵。实际上，他早已准备好制作精良的大船，但是，他并没有将这些大船暴露于众人的视线之中，而是将它们藏了起来。反而令部下弄来五六十只破旧的小船，直接将其放置于营地不远处。陈国前来探听虚实的兵卒看到这些小船便回去禀报：“隋朝大多时候生于内陆，不会造船，只有几十只破旧小船，根本无法渡过长江。”国君听闻此消息，非常放心。

随后，贺若弼开始组织沿江守备部队调防。每次调防，他都将三军调集在历阳（今安徽省和县一带），令众将士大列旗帜，遍支警帐，声势之浩大令陈国大惊。于是，陈国立刻调兵遣将，准备应对隋军的进攻。但是，隋军并没有攻打过来。他们随后了解到，这只是隋朝在进行部队调防。如此几次“假进攻”，陈国对隋朝声势浩大的演练已习以为常，变得稀松懈怠。甚至，当贺若弼真的带领军队进行渡江演习时，陈国也毫无反应，认为这也不过是隋朝的调防训练中的一次而已。

贺若弼见时机成熟，便下令渡长江、攻陈国。隋朝军队已兵临城下，陈国将士却毫无察觉，更有甚者喝得伶仃大醉，睡得无知无觉。一时间，隋军势如破竹，一举攻下了陈国京口（今江苏镇江），生擒陈朝将领。贺若弼使用的正是“瞒天过海”之妙计。

三十六计之“瞒天过海”重在一个“瞒”字。瞒，就是隐瞒，不让他人得知真实情况，是一种示假隐真的缓兵之计。在战场上，蒙蔽敌人，做战争伪装，以便达到出其不意的效果。但隐瞒对方并不是一件容易的事，尤其是在双方对峙的战争局面中。双方在密切探查和预测对方动静的同时，也在想方设法地布局迷惑对方。也就是说，一场战争的胜利，关乎人马的多少、强弱，关乎战略的布局，关乎天时地利人和，但更重要的是关乎瞒天过海的手段，谁的手段更高一筹，战争的主动权就掌握在谁手里。比如，我有十万兵马，却让对方得到只有五万兵马的假消息，那么对方便会对这场较量做出错误的战略布局，陷于失利。

不过，问题在于如何才能让对方相信这个错误的消息呢？这就涉及“瞒”的技巧。瞒得过大功告成，瞒不过反而容易弄巧成拙，让对方提高警惕。所以，在“瞒”的技巧方面，一定要下足功夫，精心布局。第一重要的是，要给对方制造一个假象，目的是要迷惑对方，混淆视听，转移其注意力。所以这个假象一定要在明面上做文章，你要做得一本正经、正大光明，一直做到让对方不得不下功夫，将全部精力放在这件事上，这样不管对方有没有相信，总之其注意力已经被成功转移了。那我们的目的就达到了。这时就该实施第二步，就是私底下秘密地实施真实的意图，从而达到瞒天过海的目的。

举个简单的例子，伍子胥在逃亡途中要过韶关，但楚国国君在韶关设了防，到处张贴着他的画像，急得他一夜白了头。此时，一位好心人帮了伍子胥一个大忙，他找到一个跟伍子胥长相相像的人，让那人去过关，果然被关卡盘查的守卫逮了起来。同时，伍子胥则趁着慌乱过了韶关。当楚国国君发现被抓的人根本不是伍子胥时，伍子胥早已经瞒天过海，安全抵达了吴国。

计谋往往隐藏在故意暴露给敌人的假象中，敌人所看到的表面现象和它所隐含着的动机往往是融合统一的，而不是互相排斥的。就像伍子胥过韶关这件事，真假伍子胥同一时间过关，当人们把视线都集中在假的身上时，是最容易让敌人疏忽大意的时候。这时，真的伍子胥便能堂而皇之地过关了。这就是此计所说的含意，在毫无遮掩的表面现象内，蕴藏着非常隐秘的谋略。这就告诉施计人，一定要注意一点，如果想要实施隐秘难测的计谋，那么一定不要在阴暗偏僻的角落里。

可以说，在战争中，谁更能隐藏好自己的战略意图，谁就将赢得更多获得胜利的机会。其实，商场如战场。20 世纪中叶，在美国被誉为土木建筑大王的比达·吉威特，经营了一家以他的名字吉威特命名的公司，但是人们对他这家公司所经营的内容一无所知，就算有媒体想对这家公司做些说明介绍，也都是不可能的，因为他们什么都不知道。当有记者不厌其烦地追问他这一问题时，吉威特只是堂而皇之地回答："即使公司非常著名，它所承建的工程不见得就能相对地增加，有关本公司的经营内容，无可奉告。"吉威特的这一公开宣布反而引来了投资者更大的兴趣。吉威特葫芦里到底卖的什么药呢？于是他们甘愿冒险将自己的钱投资在吉威特那里，跟他一起进行秘密游戏，却不过问他要干什么。吉威特就是抓住了人们这一猎奇心理，有时候越是透明化的东西越是让人小心谨慎，越是让人捉摸不定越是能引起人们的探寻欲望。就这样，这位称霸土木建筑业的大王，在悄无声息之下，已经将他事业的领域拓展到了煤矿、畜牧、保险、出版、电视行业，甚至是新闻界上。

假作真时真亦假，无为有处有还无。世上真真假假、假假真真，很难辨别，有的人把假的当成真的，也会把真的当作假的。当然，这里的真和假的改变有很多层面，不是单纯的一个真和一个假。不管战场上，还是生活上，不管是商业竞争，还是情感归宿，世上每件事都有一个真和假的甄别。

唐代有一位禅师说过，人生有三种境界。第一重，看山是山，看水是水；第二重，看山不是山，看水不是水；第三重，看山还是山，看水还是水。我们可以将第一重认为是一种纯真，就像刚出世的婴儿，看什么就是什么，此就是此，彼就是彼。第二重，我们可以看成是一种辩证，这时的山与水已经成为一对矛盾统一的整体，没有山的水不是水，没有水的山不是山，你中有我，我中有你，矛盾又统一。第三重，应该是一种顿悟。人生如果总停留在第二层，那么就会陷入虚无，陷于消极，甚至迷失自我，自己到底是自己还是他人，既然真中有假，假中有真，那么究竟是真还是假呢？当你陷入这种思索时，如果达不到第三重的顿悟境界，这种思索就会无穷无尽。这时，顿悟是一种救赎，山还是那座山，有它自己的独立性，水还是那个水，有它自己的客观性。尽管万物一体，天人合一，但我还是我，真还是真。此时，就达到了人生的最高境界。

计谋在于人心。古人总结瞒天过海之计，是教我们去诈，但这个诈应该是兵不厌诈，是在战争时期兵家惯常的手段。在日常生活中，这一计更多的是在启发我们如何去更清醒地认识自己，辨别他人，通过第二重境界，最终达到第三重境界，在人生的道路上做到去伪存真，在林林总总、五彩斑斓的社会生活中，为真心留得一丝青绿。

第二计　围魏救赵

原典

共敌不如分敌[①]，敌阳不如敌阴[②]。

治兵如治水：锐者避其锋，如导疏；弱者塞其虚，如筑堰[③]。故当齐救赵时，孙膑谓田忌曰："夫解杂乱纠纷者不控拳，救斗者，不搏击，批亢[④]捣虚，形格[⑤]势禁，则自为解耳[⑥]。"

注释

①共敌、分敌：共敌，集中敌军兵力。分敌，分散敌军兵力。

②敌阴：打击气势低迷的敌人。

③堰：堤坝，阻挡大水之用。

④亢：同"吭"，咽喉，这里指要害之处，脆弱之处。

⑤格：牵制，阻碍。

⑥自为解耳：围困可以自解。

译文

攻打兵力集中的敌人，不如先想办法分散其力量再去进攻。攻击士气旺盛的敌人，不如等其士气减弱之后再进攻。

与敌人作战就像治理洪水一样：若敌方士气高昂，就要躲过这个阶段，就像疏导洪水使之分流一样；若敌人弱小，就要趁此机会围堵灭之，就像用大坝堵塞缺口，防止大水继续蔓延一样；因此，当齐国想救赵国之时，孙膑对田忌说："若想解开缠在一起的绳子的人，就不能握紧双拳生拉硬扯；若想解除双方的纠纷，不能卷入胡乱动手。与敌人战斗，应该避实击虚，专攻对方要害之处，使对方形势受到制约，这样，危机就能自行解开了。

解析

楚汉争霸，刘邦和项羽之间较量输赢。项羽当年力能拔山气盖世，面对战争有勇气有魄力，他甚至能做到破釜沉舟、背水一战。带兵打仗，他有情有义更符合我们心中的勇者形象，但最后他还是输给了刘邦。这是为什么？很简单，对于刘邦来说，他永远不会去选择跟敌人硬碰硬，他所擅长的就是避实就虚。当年，项羽逼至刘邦城下，刘邦却不肯出城迎战，项羽便急了，质问他，为何不跟他一决雌雄。刘邦是怎样回答的？他说："吾宁斗智不能斗力。"就算项羽拿他父亲的生命作威胁，他也不肯出去硬碰硬，这就是刘邦。他知道项羽将义气和人格看得比生命更重要，因此料定这个大英雄做不出杀他父亲的事，所以并没有被激将。

最后，刘邦派人同项羽谈判，双方达成协议，即楚汉以鸿沟为界平分天下，鸿沟以西归汉，以东归楚，项羽将刘邦的父亲和妻子放回。刚刚缔约之后，项羽便率兵东归，一点防范都没有，刘邦却联合各路大军，追击项羽，终于将项羽逼至垓下。形势突然逆转，项羽接受不了打击，竟选择自杀。

其实，留得青山在不愁没柴烧，项羽当时完全没有自杀的必要，他大可以过江之后再招兵买马、重整旗鼓，以他的威望一定可以东山再起。所以，项羽最后留给后人的只是对英雄的遗憾，而刘邦却给后人留下了大汉四百年的江山。刘邦的胜出不是偶然，不是运气，而是真正的谋略。

刘邦、项羽的故事似乎与围魏救赵扯远了，但计谋在于活学活用，而不是生搬硬套。其实，围魏救赵就是一种成本的考量，这跟刘邦的战略如出一辙。面对目标，以迂为直的方式可能是最有效和省力的。在几何学中，有一个众所周知的定理：两点之间，直线最短。但具体到现实生活中，最直接方式往往并不是最有效的方式。这就好比是爬山，所有人都知道从山脚直着到山顶的道路是最简单的，但是如果直接从山下攀爬悬崖到山顶，路途看起来虽然近一些，但是风险往往也是最大的。在这种情况下，绝大多数人会选择绕着山体盘旋而上，虽然表面上看似多走了一段路，但是却是最稳妥和常见的一种选择。

这就需要我们看到围魏救赵的关键要点：其一，施计者需要有过人的眼光和超群的才智，要善于观察周围的环境变化，发现对手的弱点；其二，此计对于弱势者更加有效，既然实力较弱，那么就更不能硬碰硬，而要避实就虚，耐得住性子，攻击对方的薄弱环节，做到后发制人；最后，虽然此计的精彩之处在于一个“解”字，但施计者不能只满足于解围，应该要有更长远的打算，不但要给自己解围，还要给敌人以致命打击，反败为胜。

围魏救赵发生在公元前354年，无独有偶，公元前219年，中东地区的迦太基国也曾发生过一件类似的事。迦太基有一个军事奇才名叫汉尼拔，当时他率领五万大军翻越阿尔卑斯山，抵达亚平宁平原，一路上摧城拔寨、所向披靡，打得罗马军队望风而逃。

一时间罗马人心惶惶，几乎溃不成军。这个时候，罗马有个叫费边的统帅，还没正面遇到汉尼拔就开始主张一路退却。不但如此，他还在撤退的路上把所见的房子烧掉，把带不走的粮食也烧掉，甚至把水井也捣毁。当时，人们都不明白费边为何要这样做，甚至有人嘲笑他胆小怕事，自己灭自己的威风。但当汉尼拔的军队开始追击他们时，一切就都真相大白了，汉尼拔长途跋涉，现在却得不到供应，喝不上水，吃不着饭，一路下来，很快就顶不住了，随着供应线的拉长，让他渐渐焦躁起来，希望能速战速决。

此时，费边觉得时机已到，于是率一路人马去攻击唯一能给汉尼拔提供军队供给的城市卡普兰。汉尼拔一听着了急，立刻派兵救援，但他刚刚抵达就后悔了，经过仔细分析，他认为现在回去已经占不到任何便宜，倒不如回师，把他全部兵力集中起来去攻打罗马。当费边在卡普兰等着汉尼拔的时候，汉尼拔已经围攻了罗马，费边的手下全都慌了神，因为罗马是他们的家，如今他们就要家破人亡了，便要求立刻派兵回去救罗马。费边这时却十分冷静，他告诉大家，罗马还不至于不堪一击，即使汉尼拔集中火力去攻打，一时半会儿也攻不下来，而卡普兰在我们手上已是唾手可得。现在的形势是，回去就中了汉尼拔的计，没准他在路上已经设下了埋伏，所以不如留在这里速战速决，攻下卡普兰。

果然，汉尼拔一直在等费边撤军的消息，一旦他快要赶回罗马时，就把他们消灭在半途。但这个消息一直没等到，等到的却是卡普兰的陷落。

在这个故事中，汉尼拔这个军事奇才所运用的计谋同孙膑所用围魏救赵是如出一辙，但孙膑成功了，汉尼拔却失败了。这就说明，天下计谋是灵活的，而不是只有一个套路的，再严密的计谋也有它的漏洞。汉尼拔的失败，就在于他低估了费边的决策实力。虽然他跟费边从未谋面，但其实从一路上费边给他吃的苦头也能猜出费边绝不是等闲之辈，应该严加防范。再者，汉尼拔对罗马城的战防部署也没有一个清楚的认识，罗马并不是一两天就能攻下的。所以，汉尼拔固然“道高一尺”，但费边却是“魔高一丈”。汉尼拔纵然是百战百胜，却在最后一役中，遭到了灭顶之灾。这告诉我们世上没有常胜将军，只有天时地利人和，将计谋活学活用，才能取得最终的胜利。同样，世上也没有永远的败者，尽管有些人几经曲折，但只要抓住敌人最致命的弱点，攻击其最为薄弱的环节，也能反败为胜。

这就涉及一个强弱转换的问题。水的流动规律是从高到低，与此同理，用兵也要避开敌人坚实之处而攻击薄弱的地方。世上从来没有绝对的强大，只是它的强大很可能将那些弱小的东西给掩饰了。对此，一定要保持足够的耐心，保持敏锐的触觉，找到弱点，然后一击毙命。

我们说过，围魏救赵更适用于弱者，也就是被动的一方，其实世上也从来没有绝对的弱者。只要有信心和耐心，善于观察并抓住时机，便不难变弱为强，变被动为主动。如果自己先在强敌面前沉不住气，那么就只能以弱示人，将来的局面只能是越来越被动。

围魏救赵这一计谋的核心在于避实就虚，这一要点其实可以应用于许多方面，比如商业。一位年轻人刚接手一家电影院，恰在此时附近新开业一家新电影院。新电影院为了打造人气，凭借自己的实力在开业期间以非常优惠的价格来吸引顾客。这一打击对于年轻人来说非同小可，他既没有多少经验，更没有多少资金。正当他一筹莫展之际，突然得到一个消息，原来一个冰品经销商因为囤货过多，导致进入销售淡季之后，依然还有大量冰品滞留，此时正着急如何将这批滞留品处理出去。年轻人于是以低价收购了经销商的所有冰品，并且还通过经销商将城中所有滞留库存的冰品买走。当时正是销售淡季，所有人对年轻人的做法都感到难以理解，为什么他在这种时候不留着资金去和新电影院打价格战，而是买了一堆别人不要的处理品。

原来，年轻人自有打算。他心想，既然自己没有实力跟对方拼低价，那么只有改良服务以吸引顾客了，但是怎样在改进服务的同时又避免对方效仿呢？正当他冥思苦想之时，发现了冰品库存这一现象！真是天无绝人之路，他以低价把所有的冰品买下来，当电影中场休息时，便会给消费者提供价格实惠的冰点。同时，他还把节省下来的金钱用作慈善事业，即把票值收入的5%作为养老院的捐款。这项政策既优惠又人性化，还能让顾客在不需要自掏腰包的前提下为慈善事业做出贡献，因此十分吸引人。相比之下，新电影院的打折政策就显得稍逊一筹。

年轻人在这场商战中就采取了避实就虚的战略做法，对方不是要硬碰硬打价格战吗？我既然没有那个实力，就不跟你迎战，但这也不代表束手就擒，完全可以从你想不到的地方下手。滞留冰品让他看到了希望，虽然已经到了淡季，但人们仍然会对价格优惠的冰品感兴趣；这个服务一旦被对方发现，即使对方想效仿也找不到一点冰品了。同时，他打出的献爱心政策也抓住了人们的心理弱点，5%的票面价格本来就是消费的部分，既然不用自掏腰包就能献爱心，又何乐而不为呢？

对于我们大多数人来说，或许根本没有多少要紧的事需要你去围魏救赵，但一定要明白，这一计谋可以活学活用在任何领域。这其实是提供给我们一个思路，即用发展的眼光看问题的思路。如果一个人始终用静止的眼光看问题，那么他就会陷入思想僵化、束手无策或者鲁莽无功。这时如果换一种思维，用动态的眼光来看问题，那么就能将自己的目标和行动之间看成一个整体，找到不同的相互连接的路径，从而发现最好的解决办法。因此，无论是在哪些方面，当我们处于弱势时，不要坐以待毙，而是要学会自我解围。

第三计　借刀杀人

原典

敌已明，友未定①，引友杀敌②，不自出力③，以《损》推演。

敌象已露，而另一势力更张④，将有所为⑤；便应借此力以毁敌人。如：郑桓公将欲袭郐，先向郐之豪杰、良臣、辨智、果敢之士尽书姓名⑥，择郐之良田赂之，为官爵之名而书之，因为设坛场郭⑦门之处而埋之，衅之以鸡猪，若盟状。郐君以为内难也⑧，而尽杀其良臣。桓公袭郐，遂取之。

注释

①敌已明，友未定：明确敌对目标，友军尚未表态。

②引友杀敌：引诱友军攻打敌人。

③不自出力：自己不损失一兵一卒。

④张：伸展，扩张之意。

⑤有所为：意思为有所行动。

⑥“先向郐之豪杰”句：把郐国豪杰、良臣、辨智之士，果敢之士的名单弄到手。

⑦郭：指郊外。

⑧郐君以为内难也：郐国国君以为自己的大臣要叛变。

译文

已经知道了敌对的目标，但友军却尚未表态，想办法让友军攻打敌军，使自己不用折损一兵一卒。这个计谋是从《损》中推出来的。

敌人已经露出迹象，而另一股力量也显现出了扩张之态，并将有所行动，应该借助这股力量将敌人歼灭。如：郑桓公欲讨伐郐国，先想办法弄到郐国英雄豪杰、忠心的大臣、能言善辩之人以及骁勇善战之人的名单，然后将郐国的良田以及高官厚位写在他们名下，并在城外开坛以鸡猪祭之，然后埋好名单，好像在发誓立盟一样。郐国国君知道后，以为这些大臣要谋反，于是便派人剿灭了他们。郑桓公得知后发兵进攻郐国，不费吹灰之力便将其攻下。

解析

战场上，没有永远的朋友，亦没有永远的敌人。这里所说的朋友，可并不是金庸武侠小说中那种肝胆相照、意气相投的朋友，而是一种靠利益为纽带所形成的共生关系。说到共生关系，最好的体现者就是热带海洋的一对“好朋友”了，它们就是枪虾和虾虎鱼。

枪虾是热带海洋一种穴居的生物，虾虎鱼则是一种体型娇小却生性凶残的食肉鱼。枪虾本应该躲避这种危险的生物，但它却似乎一点也不惧怕它。枪虾是穴居生物，因此擅长挖洞，更离奇的是还邀请虾虎鱼同住。当然，天下没有免费的午餐，虾虎鱼也不能白住免费的旅店，它会在洞口巡视，一旦有外敌侵入，就会摆动尾鳍通知洞里安睡的枪虾。就这样，这一对生物合作无间，形成了互利共生的关系，竟也相安无事。

枪虾虽然善于挖洞，却缺少攻击能力，因此就算它把洞挖得再高明再隐蔽，也难保不会有其他生物来袭，于是它想到了借助外力，这时虾虎鱼无疑就是它最好的合作伙伴。虾虎鱼虽然生性凶猛，但无奈身体较小，很容易被大型鱼类生物或海底气流所吞噬，所以对它来说，一个安稳的藏身之穴就成了它迫切所需。于是，枪虾借用了虾虎鱼的凶猛，虾虎鱼借用了枪虾的洞穴，两者因利而结友，促成了一个神奇的海洋传说。

低等生物之间尚且懂得假人之手的道理，更不要提纷繁复杂的人类社会了。人类的战争无非就是围绕一个争夺最大利益的问题而展开，因此无论是敌我矛盾还是共生关系都不是永恒的，一切因利益而起，因利益而终。树敌太多，往往折损的是自己，而建立这种共生关系，保存的才是自己，所以我们说，战场上，没有永远的敌人，如果有了，那么损失的将是你自己。战场上需要的是永远的朋友，也就是能假人之手的共生关系，这种关系越多，越能保存自己的实力。在一场弱肉强食的战争中，保存实力才是最大的胜利。

基于这一点，那么你应该懂得了“借刀杀人”这一条的真谛，其重点不在于“杀”，而在于寻找一把合适的“刀”。刀要“借”得好，对刀的要求要很高。

春秋末年，周天子已名存实亡，各诸侯之间混战，逐鹿中原，企图称霸。当时，齐国实力强大，派国书为大将，兴兵讨伐鲁国。鲁国实力自然不敌齐国，贸然出兵等于送死，就在形势危急之际，孔子的弟子子贡提出了一条借刀杀人的妙计。然而，此妙计得以实施，还需要多方面的配合。首先，子贡认准的这把“刀”正是吴国，当时唯有吴国可与齐国相抗衡。然而吴国与齐国并无矛盾纷争，两者处在一种井水不犯河水的状态。要怎样才能把这潭死水激活呢？哪怕只是一小颗石子，投掷湖中也能激起一片涟漪。子贡略作考虑，当下就决定出访齐国，显然，他心中已经有了“石子”的人选，这个人就是齐国的相国田常。

原来，田常是个野心家，他虽在齐国居于一人之下万人之上的地位，却对此并不甘心。对齐国王位，他蓄谋已久，此时此刻正要迫不及待地铲除异己。子贡抓住了这个人的心理，劝导他：“忧在外者攻其弱，忧在内者攻其强。”意思是说，如果你最大的忧患是国际关系，那么理应选择弱者去攻打，但如果你最大的忧患是国内关系，那么就要选择强者去攻打。因为，在攻打弱小的鲁国的过程中，很容易让异己在这场稳操胜算的战争中获得主动优势，甚至借此扩大势力。所以，不如转而攻打强大的吴国，这样反而可以借强敌之手铲除异己，即便当时铲除不掉，也能削弱他的势力。

田常一听，觉得十分有理，可当时齐国已经做好了攻打鲁国的部署，如果现在突然提出主张去转而攻打吴国，恐怕师出无名。子贡听了田常的忧虑，立刻说道：“这件事不必担心，一切包在我的身上，我现在就去劝说吴国救鲁伐齐，这样一来，齐国不就有了攻打吴国的理由了吗?”田常欣然同意了。于是子贡又赶到吴国。

然而，吴王夫差并不是一介匹夫，子贡必须要准备一套更加完美的说辞。人们最关心的无非还是自己的利益是否受损，子贡的话又言中了吴王的担忧，子贡说：“齐国势力强于鲁国，攻下鲁国不在话下，但问题在于这样一来，齐国的势力将变得更加强大，到时候难保不会对吴国有所图谋。以免后患，大王不如先下手为强，先联合鲁国攻打齐国，一旦齐国拿下了，那么吴国称霸的大业还会远吗?”一番话说得吴王动了心，但他毕竟老谋深算，表示如果子贡能说服赵国也派兵同他一起伐齐，那么这件事就这样定了。于是子贡又马不停蹄地跑到赵国，说服了赵王，这才解了吴王的后顾之忧。

就这样，子贡游说三国，终于达到了自己借刀的目的。不过，这时他还不能放心，一想到吴国战胜齐国之后，一定会要挟鲁国，那么鲁国只不过是换了个要挟的对象而已，依然不能真正解决危机。于是，子贡又瞒着这三国，偷偷前往晋国，向晋定公陈述了其中利害关系：吴国联合赵国和鲁国攻打齐国，其结果必然胜利，那么吴国的势力就会更进一步，接下来他一定会转而攻打弱小的鲁国，伐鲁成功后，他的野心会更大，矛头将直指晋国，意图称霸中原。于是，晋国加紧备战，随时防范吴国的进犯。

公元前 484 年，吴王夫差亲自挂帅攻打齐国，鲁国立刻响应。而越王勾践早已看出事情的端倪，他对夫差仇深似海，深知此时对吴国的援助必然成为将来对吴国的毁灭，于是也派兵响应。齐军自然不敌吴军，中了吴军的诱敌之计，结果大败，主帅及几员大将统统死于战乱之中。大胜之后的夫差骄狂自傲，立即乘胜攻打晋国。谁料晋国早就听了子贡的警告有所准备，很快将吴军击退。此时的吴王分身无术，哪里还顾得上鲁国，于是鲁国得以保全。

子贡就是这样成功地利用了齐、吴、越、晋四国的矛盾，从中巧妙周旋，借吴国之刀，杀退齐国，又借晋国之刀灭了吴国的威风，其最终的目的是为了使弱小的鲁国在这场战乱之中得以解危。

其实，子贡借刀不假，其中从中浑水摸鱼的也不少。比如，越王勾践。此时的越王正处于隐忍之中，他身怀对吴王的血海深仇，此时明明看出了子贡的目的却依然派兵援助吴王。表面上看，他是对吴王言听计从，其实暗藏祸心，借这个机会欲加速吴国的毁灭。当时越王派兵援助吴王伐齐时，只有伍子胥一人看出了其中端倪，怎奈吴王夫差不但不听劝，还将伍子胥杀害。对越王来说，这件事不又是一次“借刀杀人”吗?借吴王之手除掉伍子胥这个心头大患。

从以上种种利害关系中，我们不难看出，“借刀杀人”之计最重要还是在于“刀”。刀，就是你要寻找的盟友，盟友的先决条件是，一定要有切实的利益牵扯在你和敌方之间，也就是说盟友和敌方要么是死敌，要么对手的获胜会对盟友造成威胁。如果没有这种利益牵扯，那么你就无法拖他下水。此外，这把刀还要够锋利。钝刀是杀不死人的，如果你的盟友不够强大，那么你跟他联合也是枉费，到头来反而死得更悲壮。

“借刀杀人”当然还要注重“借”法。要借得巧借得妙，不能让任何一方察觉你的真正意图，这很大一部分是靠口才和演技的，如果你不能声情并茂地打动对方，那么一切都是白费心机。总之，“借刀杀人”的本质是自己不出面，而是利用别人之力，实现自己企图。这是一种谋术，所谓谋术就有了成功概率的问题。因为你始终不是直接的操刀人，一旦你所借的“刀”坚持自己的原则，不为所用，则很难成功。

在当今这个瞬息万变的社会，总会发生你始料未及的事。由此可见，“借刀杀人”不仅可以运用在古代，也可运用在当今的职场和商场，甚至是生活中，帮助你解决难题、走出困境。

第四计　以逸待劳

原典

困敌之势[①]，不以[②]战；损刚益柔。

此即致敌之法[③]也。兵书云："凡先处战地而待敌者佚[④]，后处战地而趋战者劳[⑤]。故善战者，致人而不致于人。"兵书论敌，此为论势，则其旨非择地以待敌，而在以简驭繁，以不变应变，以小变应大变，以不动应动，以小动应大动，以枢应环[⑥]也。如：管仲寓军令于内政[⑦]，实而备之；孙膑于马陵道伏击庞涓；李牧守雁门，久而不战，而备之，战而大破匈奴。

注释

①困敌之势：使敌人陷入困境。

②以：用，依靠。

③致敌之法：调动敌人的计策。致，调动之意。

④佚：通"逸"，意思是悠闲安逸。

⑤劳：疲惫，被动之意。

⑥枢、环：枢，指中央，中心。环，四周之意。

⑦寓军于内政：用管理军队之法管理内政。

译文

使敌人陷入困境之中，不用主动攻打，可以把刚柔相济作为依据，削弱强敌的力量和意志，使自己由劣势逐渐向优势转变。

这是调动敌人的计谋。兵书说："双方交战，先到达战场的一方处于优先主动之势，后到的一方则处于疲劳被动之势。所以善用兵者只可能调动敌人，而不是被敌人调动。"兵书上讲对抗敌人的计谋，这是教人如何制造优势，并不是教人选择某个战场坐等敌人，而是教人在复杂的战局中运用简单的方法掌握繁杂的局势，以不变应对变化，以小变化应对大变化；以不动应对动的，以小的运动应对大的行动，这种方法就是掌握关键来应对周围的变化。如：管仲把军令融于内政之中，其实是在加强戒备；孙膑埋伏在马陵道突袭庞涓；李牧坚守雁门关，长时间不迎战匈奴，其实是在准备之中，开战之时便大败匈奴。

解析

兵书上说："凡先处战地而以逸待劳，待敌者佚，后处战地而趋战者劳。故善战者，致人而不致于人。"可以说，以逸待劳，打得不是兵力战，而是一场心理战。谁的心理更加强大，更加沉得住气，那么谁就掌握了主动权，这就是以不变应变，以小变应大变，以不动应动，以小动应大动。历史上，孙膑于马陵道伏击庞涓就是用得正是这一计。

以逸待劳，“待”字无疑是关键。待是等待，但不是消极被动地等待。比如，《水浒传》中有这样一幕，林冲落难，被柴家庄柴进收留。没想到柴家庄有个小肚鸡肠却没什么本事的洪教头，非要给林冲好看。最终，柴进示意林冲跟他比划比划，一来见见林冲的真本事，二来灭灭那洪教头的气焰。关键在接下来的比武中，林冲看起来却不似洪教头那般积极。只见洪教头不断变换着招式，嘴里还喊着“来来”，而林冲静待不动，当洪教头真的扑来时，林冲早已经看穿了他的破绽，于是大脚一抬就踢翻了洪教头，竟没使出一招半式。

这件事虽小，但林冲正是利用了以逸待劳之计。这条计谋的关键在于，让敌方处于困难局面之中，自己却不一定用进攻的方法。主要是要掌握主动权，待机而动，以不变应万变。你越不动，敌人越慌乱，从而将敌人玩弄于鼓掌，牵着敌人的鼻子走，然后再创造适合自己的战机。

“待”，是在仔细观察敌方的动静和心理之后做出的最佳判断。所以，在适合自己的最佳战机没有出现之前，一定要百忍成金，无论如何也不能贸然出击。我们的目的是拖垮敌人而不是拖垮自己，因此要忍得住对方的一切诱惑、挑战，乃至于羞辱，直到把敌人拖死。

高明的“以逸待劳”，并不是单单指一方“待”另一方，有意思的是，当两方都想要使用这一招时，拼得就是耐力了，谁能“待”到最后，谁就掌握了主动权。《三国演义》中，诸葛亮与司马懿的多次对决，让读者看得畅快淋漓。诸葛亮深谋远虑、善于用计，司马懿虽在谋略上不及诸葛亮，却也是老谋深算，狡猾得很。公元 234 年，诸葛亮北伐中原，司马懿同诸葛亮再次交手，虽然司马懿曾多次败给诸葛亮，但诸葛亮不得不承认，自己的蜀军远道而来，疲惫不堪，而魏军却是本土作战，后方稳固。这种巨大的差距，使孤军奋战的诸葛亮不得不做出早一天出战就早一点胜算的打算。但这种心理，他还不能表露出来。司马懿何等精明，他早就看出诸葛亮远道而来，粮草必然受到限制，而他的优势就是以逸待劳，只要自己坚守不出，诸葛亮迟早会有粮草用完而退兵的一天，到时自己再乘胜追击。

算盘打得是好，但其实司马懿自己心里对此也不是十拿九稳，因为诸葛亮向来处事小心，从不打无准备之仗，他真的会这么简单就送上门吗？不管怎样，还是要等，只不过现在的等是消极等待，一边等待，一边探探对方虚实。不久之后，司马懿放心了，自己的判断果然是正确的。原来，他得到一个消息，即诸葛亮的身体已经开始恶化。本来就身处劣势，如今自己的身体又一日不如一日，诸葛亮急得如热锅上的蚂蚁，不停地派人挑战。但俗话说，兵不厌诈，这也可能是一种假象，让司马懿最终得以确定的是诸葛亮派人给他送来一套女人衣服，连带修书一封，信里说："您既为大将，统领中原之众，不思披坚执锐，一决雌雄，像这样躲避刀剑，和妇人有什么区别？现在送您一套女人衣服，如果您还有男子胸襟，请早日决定决战的日期。"看到这封信后，司马懿不但没有生气，反而大喜，因为他终于知道诸葛亮是多么沉不住气了，竟然出此激将法。自然，诸葛亮最终未能完成北伐心愿，落得个“壮志未酬身先死，长使英雄泪满襟”的悲怆下场。

京剧《胭粉计》中更着重描述了这一段：司马懿在接到这套女装后，竟亲自穿上衣服，搽脂抹粉、拿腔作调地到阵前调侃诸葛亮。诸葛亮施计不成反倒中了对方的激将法，被司马懿气得病情加重。剧中唱道：“仰面朝天自嗟叹，司马懿可算得将中魁元。有刚有柔是好汉，诸葛亮比司马难上加难。思想起司马懿心中大患，不由我鲜血往上翻。”此次以逸待劳，司马懿大获全胜。

其实从公元 222 年，刘备在夷陵遭到惨败后，刘备就已经折损了一半的势力范围和数十万的兵力。此后，诸葛亮一人苦撑大局，在这种条件下还不断北伐，其实也是一种以逸待劳的战术，其目的在于不断消耗魏国的实力。然而，诸葛亮的这一计谋代价颇大，由于失去了荆州，他的北伐之路只能走险峻的栈道和崎岖的山路。这就让前线与后方联系不便，军粮运输更是难上加难。所以，此时诸葛亮的北伐已经成了一种机会主义的冒险。司马懿的聪明之处就在于不但看出了这点，还屡次将以逸待劳之计反施其身，最终拖垮了诸葛亮。

“以逸待劳”之计要想奏效，有几个先决条件。其一，要善于选择战争的时机和地点，也就是选择有利于自己而不利于敌人的战机。当敌人因为这种不利而产生的疲惫感达到最高点时，也就是你掌握主动权的时机，这时一举进攻，定能将其攻下。其二，就是一定要比对方有更多的耐心。“以逸待劳”讲的就是一个“待”字，如果时机不到、条件不成熟就绝不动手，更不能被敌人的挑战所激怒。其三，要有坚守不出的客观条件，比如易守难攻的高城深池，迎不迎战在于你，这样你就握住了主动权。

第五计　趁火打劫

原典

敌之害大[①]，就势[②]取利。刚决柔也。

敌害在内[③]，则劫其地[④]；敌害在外[⑤]，则劫其民；内外交害[⑥]，则劫其国。如：越王乘吴国内蟹稻不遗种而谋攻之[⑦]，后卒乘吴北会诸侯于黄池之际，国内空虚，因而捣之，大获全胜。

注释

①敌之害大：指敌人遇到凶险。

②就势：趁敌人陷入危机之时。

③内：内忧，内部之乱。

④劫其地：攻占他的土地。劫，占领，攻占之意。

⑤外：外患。

⑥内外交害：内部和外部的双重打击或危害。

⑦“越王乘吴国”句：越王趁吴国经济崩溃，收成不足之时攻打它。

译文

敌人若陷入大的危困中，应趁此时机马上出动打击对方，以得到好处。这个计谋就是趁敌人身处危机的时候击败他们，获得胜利。

危害敌人的东西若出自其内部，就要拿下对方的领地；若出自外部，就要掠夺对方的百姓；当对方受到来自内外的双重打击时，就趁机吞并它。如：越王乘着吴国经济崩溃、收成不足，处于困境之时攻打它，后来又乘着吴王在黄池与诸侯会晤之时，国内无人之机攻打它，最终获得了胜利。

解析

按照字面意思理解，“趁火打劫”绝对算不上一个光荣的词汇，但它的高深你却未必了解。“趁火打劫”其实讲的是一种机遇。当机遇来临时，就要抓住机遇。

在战场上，水火不容，不是你死就是我亡，因此一切的尔虞我诈、斗智斗勇，其实拼的都是血和命。所以，战场上不讲君子道义，只讲天时地利，也就是机遇。在现实生活中，机遇对一个人的影响也是非常大的。所谓机遇，可遇不可求，很多人遇到了却错过了，只有那些在机遇面前不慌不乱、见机行事的人，才有可能抓住机遇并利用机遇，这个时候就能起到事半功倍的效果。我们国家有“螳螂捕蝉，黄雀在后”、“鹬蚌相争，渔翁得利”的寓言，这些其实强调的都是机遇。

事情就是这样，谁抓得住对自己最有利的机遇，谁就是最大的赢家，这个最有利的机遇就是敌弱我强。春秋时期，周王朝已经名存实亡，天下诸侯蠢蠢欲动，争霸中原。当时吴国和越国因为种种原因，战事最为频繁激烈。最后，经过长期战争，越国不敌吴国，落得个俯首称臣的下场。越王勾践更是被屈辱地扣留在了吴国，沦为奴隶。

国耻家恨最难消，勾践在艰难的条件下立志复国，十年屈辱，卧薪尝胆。他表面上对吴王夫差百般逢迎，实际上是在等待重返家园的时机。最终，他骗得夫差的信任，被放回越国。回国之后，勾践并没有立即揭竿而起，他明白自己势力还太弱，现在去攻打吴国无异于以卵击石。于是，他选择继续隐忍，表面上臣服吴国，年年进献财宝，在麻痹夫差的同时，却暗自采取了一系列富国强兵的措施。几年后，越国实力大增，人丁兴旺，物资丰足，人心稳定。相反，吴王夫差却被胜利冲昏了头脑，被勾践臣服的假象所骗，不但不把越国放在眼里，还时常受越国的鼓舞而同齐、晋等大国较量。

夫差终于走上了一条自毁的道路，他骄纵凶残，生活奢靡，大兴土木，搞得民穷财尽，更拒绝纳谏，杀了一代忠臣伍子胥。公元前 473 年，吴国颗粒难收，民怨沸腾，朝堂上奸人当道，帝王昏庸。越王勾践看在眼里，认为时机已到，于是就在吴王夫差北上和中原诸侯在黄池会盟的时机，大举进攻吴国。吴国当时国内已经空虚，更因为连年同齐、晋等大国较量而折损，一时根本无力还击，很快遭到灭顶之灾。

“趁火打劫”做得最到位的还要属美国华尔街大佬摩根。1873 年，美国经济陷入危机，每小时都有宣布破产的消息，而摩根则看准了美国这一颓败的金融市场，先后收购了 35 亿美元的国库券，他的公司一跃成为美国实力最雄厚的投资银行，掌控了整个美国债券市场。

1884年，美国财政部告急，大量黄金外流，当时的美国总统格罗弗·克利夫兰只能用抛售美国证券的做法来换回黄金，结果导致国库告急，到了根本无力偿清债务的地步。解决这一问题的最好办法就是立即筹集到一笔巨额资金，据当局估计这笔资金至少要一亿美元。摩根这时又看到了商机，他知道政府已到了无计可施的地步，于是他同另一家银行商定，共同承办黄金公债。这样一来，在解救财政部危机的同时，他们又可大胆地赚取一笔高额利润。

对于美国政府来说，这简直是一笔敲诈，因此国会并没有通过这个建议。为了摆脱摩根的敲诈，财政部计划发行5000万美元的公债，但那时各个银行自顾不暇，更不要说购买国债了。财政部逼急了，不惜使出苦肉计，以超出面额的117点来公开募集5000万美元公债，这简直就是行骗，根本不符合投资金融的惯例，这下政府惹下了祸根，更惹怒了摩根。在摩根的操纵下，所有银行家都拒绝帮助美国财政。

无奈之下，摩根被总统召入白宫，总统摊牌，说国库存金目前只剩下900万美元。摩根当下更加确信，除了他之外，再没有第二个人能解救破产的国库了。于是他说："我手头上只有一张1200万美元的支票没有兑现，但如果今天我将这张支票兑现了，一切就都完了。要不要我在这里拍电报，现在立刻汇到伦敦去呢?"

面对威胁，克利夫兰总统竟被逼到每隔五分钟就找借口去一趟洗手间，实际上是借机同财政部长商量对策。摩根更是装模作样地在总统办公室吸起克利夫兰总统最讨厌的雪茄烟了。当然，最终结果必然是总统的妥协，不得不答应摩根提出来的条件。当夜，摩根就取出大量美元交给财政部，帮助财政部渡过了难关，而摩根在向政府承包的公债价格与市场差价中净赚 1200 万美元。

摩根可谓是“趁火打劫”的高手，两次金融危机，两次浑水摸鱼。其实，要想趁火打到劫，是需要几个条件的。首先，要确定这把火烧得足够大，烧得当事人首尾不能兼顾，只有这样，你才能有充分的时间实施“打劫”。就拿摩根来说，即便他是金融巨头，掌控着美国债券市场，也是不敢轻易和美国政府较量的，直到他明确得知，美国国库已经穷得只剩下 900 万美金，而全国上下只有他一人能解决这燃眉之急时，才下定决心趁火打劫。

其次，“趁火打劫”要分对象。比如，着火的不是别人家，而是龙王爷家，那么你最好乖乖站在一旁，龙王爷家可不缺水，你没有机会在人家的地头上兴风作浪。摩根要打劫的对象虽然是美国财政部，但此时的财政部已经到了山穷水尽的地步，完全可以下手。

最后，“趁火打劫”可不能盲目，不求你有灭火的本事，但最起码要会念“避火诀”，否则偷鸡不成蚀把米，反倒引火烧身就划不来了。摩根去要挟美国总统，是因为他确实有能解救美国政府财政危机的本事，否则他就不是去趁火打劫，而是去送死。

“趁火打劫”的精要就是耐心等待有利自己的最佳时机，避免以硬碰硬。即便你的势力强过对方，硬碰硬也绝不是明智之举，因为就算你制服了对方，你也会在一定程度上蒙受损失，更不用说自己以弱对强了。这里不是说以弱对强没有可能，相反，四两拨千斤的事例有很多，这就是智取的力量。“趁火打劫”也是一种智取，等待有利时机的到来，从而一举拿下。就像铁匠打铁，必须在铁块被烧得通红后而还未冷却的时候去打，只有在这个时候，铁的硬度最小，可以任你塑造。一旦错过了这个时机，铁就会重新变硬，任你再拼命捶打也不管用。趁热打铁、趁火打劫都是一个道理，即若顺应时机，你可能只需要花上五成的精力，就能出现十成的效果。

当然，时机并不是想要就有的，你除了善于等待时机，更要学会创造时机。但这里要掌握一个度，最起码不要为了去“打劫”而去“放火”，否则这不是计谋而成了一场险恶的阴谋。

第六计　声东击西

原典

敌志乱萃[①]，不虞[②]，坤下兑上之象。利其不自主[③]而取之。

西汉，七国[④]反，周亚夫[⑤]坚壁不战。吴兵奔壁之东南陬[⑥]，亚夫便备西北。已吴王精兵果攻西北，遂不得人[⑦]。此敌志不乱，能自主也。然则声东击西之策，须视敌志乱否为定。乱则胜，不乱将自取败亡。险策也！

注释

①萃：杂乱不堪的野草。

②不虞：无法预料。

③不自主：不能把握方向，六神无主。

④七国：指吴国、赵国、楚国、胶东、济南、胶西、淄川。

⑤周亚夫：西汉大将，后官居丞相。

⑥东南陬：东南方向的角落。陬，指角落。

⑦遂不得人：意思是对方有所防备，所以攻打没有成功。

译文

敌军的军心混乱得像缠在一起的野草，不能预料自己前进的方向和攻击的目标，这是对我方有利的情况，应该乘机进攻。

西汉景帝时，七大诸侯王同时造反，周亚夫坚守城池，拒不出战。当吴王刘濞的军队假装进攻城池的东南角的时候，周亚夫却命令加强城西北方向的防御。不久，吴王刘濞的精锐部队果然猛攻西北角，由于周亚夫事先早有准备，故而吴王的叛军没能攻克城池。这是因为敌人意志清醒、不混乱，能自主判断的缘故。在运用声东击西这个计策的时候，还要看敌方意志是否混乱来家夺如何执行。如果敌方陷入了混乱，我方就可趁机取胜；如果敌人并未陷入混乱，我方如果贸然出击，就会自取败亡。这是一个非常冒险的计策啊！

解析

专家们在谈论一场战争时，重点笔墨绝不会放在双方的兵马数量等客观硬件方面，而是会去着重交代交战双方对战争的态度、战争发生的背景，以及备战情况。到了战场上，交战顶多只是一笔带过，然后再稍带出战争的结果。这样的描述看起来有些避重就轻，讲战争不是重点应该讲双方在战场上如何交战的吗？其实，一场战争的胜负真正的要害不在于兵马数量以及强弱，这些看似实实在在的东西，其实都是一个虚数。从古至今，以少胜多，以弱敌强的例子数不胜数，原因就在于战争就是一个灵活机动、虚实变化无常的军事行动，谁的谋术技高一筹，谁就赢得了胜利。

当年西汉景帝时期经历七国之乱，京都岌岌可危，景帝当时可以依靠的也只有大将周亚夫了。当时，周亚夫采取的是保守路线，他固守城池，坚决不出战。不但如此，周亚夫还将敌人的企图看得一清二楚，围城的吴国军队攻城的东南角方向，周亚夫就去守备西北角方向。果然，吴国军队攻城东南角只是假动作，其真实意图是使用精锐部队攻击西北角。敌人采取的是典型的声东击西战术，周亚夫则反其道而行之，逐个击破敌方的战术。结果这场七国之乱，周亚夫用了不到三个月的时间便平定了。

而一个将声东击西运用到位的便是东汉时期的班超。班超当年带着大汉天子的使命出使西域，为的是团结西域诸国共同对抗匈奴。要想做好这件事，那就必须在客观条件上提供西域诸国的交通便利，于是他必须先打通一条贯穿南北的通道。

这件事做起来并不容易，首先地处大漠西缘的一个名叫莎车的国家就不答应，不但不答应，还煽动周边小国归附匈奴，反对汉朝。所以班超要想实现这个宏伟计划，首先要平定的还是莎车国。

莎车国立即向北方的龟兹求援，龟兹王竟亲率五万人马前来援救莎车。班超见状立刻联合于阗等国，但凑足的兵力也只有二万五千人。敌众我寡，敌强我弱，这该如何是好？但班超立刻明白，这场战争必须智取。班超当下就想出了声东击西之计，迷惑敌人。他先派人在军中散布对自己的不满言论，并让这种言论传到敌军俘虏的耳朵里，让对方认为他们打不赢龟兹，那么就会立即撤退。

当天黄昏，班超命于阗大军向东撤退，自己则率部向西撤退，途中还故意放俘虏趁机脱逃，并留下慌乱撤离的迹象。俘虏逃回莎车国的军营中，急忙将汉军慌忙撤退的消息上报。龟兹王一听大喜，认为班超是怕了自己才落荒而逃，而他正好趁乱追杀班超，杀他个片甲不留。于是，龟兹王立刻下令兵分两路，一路向东追击于阗大军，而他则亲率一万精兵向西追杀班超。

这正中了班超声东击西之计，原来趁夜幕降临，班超只撤退十里地，就令部队就地隐蔽起来，专等龟兹大军的到来。龟兹王求胜心切，果然率领追兵从班超面前飞驰而过，班超立即集合部队，与事先约定的东路于阗人马，迅速回师杀向莎车。莎车根本来不及想班超到底是从天而降还是遁地而出，便已经溃不成军了。而龟兹王则气势汹汹地追走了一夜，连班超部队的踪影都没瞧见，正当纳闷之时，又传来莎车已经被攻下的消息，才知道自己中了班超的诡计。最后只好收拾残局，悻然返回龟兹。

其实班超的计谋并没有多高超，可以说只是略施小计，他的胜出很大一部分原因在于敌方属偏远西域，不善兵法，或者说对这种虚实骗术毫无防备。要知道在历史上，不乏那些身处险境却仍能料敌如神的名将。所以，声东击西要想得以实施，必须要确认对方方寸已乱，甚至失去了正常的判断力。如果没有做到这点，就怕对方已识破了这种虚张声势的计谋，不但不能成功，反而有可能中了敌人的诱敌之计。试想周亚夫，不就是在七国围城的节骨眼上，依然对敌军的虚张声势作出了正确的判断吗？所以，实施声东击西之计，还要看对象，周亚夫可是名将之后，又曾被汉文帝称赞为“此真将军也”，所以他能在大兵压境之下仍保持处变不惊，并识破对方的计谋。而龟兹王骄傲自负，且求胜心切，最终只能落入班超的圈套。

声东击西的战术其实更适用于经商活动中。如今市场竞争激烈，重重关系错综复杂，经营者需要善于制造假象，“声东”以隐蔽自己的“击西”的真实意图。这样做的目的，无非就是以转移消费者或者竞争对手的注意力，从而趁其不备在市场中占领主动地位。其实经商本身就是一场拼智力的角逐，谁的智谋高出一筹，谁就会占领上风。

美国一个皮革公司的销售经理，他的任务就是推销公司生产的皮革新品，这次他的任务是将一种加工成带状的皮革制品推销出去。

像往常一样，他带着足够的样品去拜访了第一个客户，然后向客户问道：“您觉得这次的产品怎么样?”

客户仔细检查了皮革样品，说道：“我非常喜欢它，不过我并没有意愿购买他哦！因为在您来之前，我就已经听说了，您现在一定会告诉我，它的价格非常昂贵，而我要想得到它就必须付出一个高昂的价格。”

销售经理听了只是微笑道：“您是一位有经验的皮革商了，在价格方面我根本瞒不过您。现在，请您告诉我您的猜想，即它的成本价是多少呢？没关系，大胆说出您的猜测。”

那人听了销售经理的奉承，犹豫之后说出了他理想中的价格，即45

美分一码。

销售经理面露惊奇之色，然后不可思议地说道：“天啊！您是怎样猜到这个价格的。实话告诉您吧！您说得太对了。”最后，这位销售经理便以 45 美分一码的价格成功获得了这位客户的订货，而且双方对这项交易都十分满意。

事情到这里已经结束了，但读者恐怕还有一个悬念，那就是销售经理以这个价格将货订出，究竟是赔了还是赚了。答案是赚了。这世上没有赔本的买卖，更不用说这个精明的销售经理了。事实上，公司最初给产品的定价是 39 美分一码，销售经理足足在中间赚了 6 美分一码。

销售经理为何凭借三言两语就打动了本来就无意购买皮革产品的客户呢？就在于他巧妙地把自己的底牌藏了起来，却让对方把自己亮了个透彻。在战争中，“声东击西”的要义是忽东忽西，即打即离，让对手疏于防范，从而乘机消灭敌人。在实际应用中，声东击西的关键在于用假象迷惑对手，使其产生错觉，摸不到你的真实意图而无所防范，这样你就可以乘其不备击败对方。声东击西的高明之处就在于此。皮革商真的懂皮革吗？当然懂，但他所了解的皮革行情是所有皮革厂家提供给他的行情，天下没有一个皮革厂家会把自己真实的生产成本告诉供货商，所以销售经理断定，皮革商心目中所想的价格一定不会低于他的成本价格。只要不低于成本价格，他就有得赚，而且还能让皮革商觉得捡了个大便宜。这单生意成功的关键在于，皮革商始终认为是自己掌握了价格的主动权，而事实上，这个主动权只是销售经理给他的一个假象。

“声东击西”的关键就在于能否扰乱对手的正常思维，给对方造成错觉。如果对手被你的假象所欺骗，就说明你成功了。因为假象会造成对方错误的判断，错误的判断势必会造成对方错误的防御，而我们可以趁此机会攻击其防御薄弱的地方，这样一定能给对方造成痛击。

有一位独居的孤寡老人，经常受到上门推销的骚扰，但她清楚，这些人不过是来卖给她一些无用的东西，赚到的还是她自己。因此，独居老人每次都坚定地将这些上门推销的人拒之门外。

然而，她发现总有一对年轻人十分执着，每次她将他们拒之门外后，第二天仍然会再次敲门，而且还表示他们不是来推销的，只是路过此地顺便拜访。一开始，老人还怀疑年轻人的目的不纯，但时间一长，老人发现两个年轻人是真的没有推销的打算，于是便把他们请进房间歇歇脚。

两个年轻人十分善谈，老人很享受跟他们在一起畅聊的时光。一晃一个月过去了，年轻人每天来访，有时还会顺便带给老人一些小点心。独居老人虽然每次嘴头上都警告他们自己绝不会购买什么产品，但还是会热情地将两个年轻人请进门。

有一天，年轻人在临别之际，突然说出了这番话：“我们恐怕这是最后一次来拜访您了，因为不知公司如何得知了我们的行踪，警告我们不要再去拜访客户以外的人家。”老人一听着了急，以后再见不到这两个可爱的年轻人了吗？她实在太寂寞了，只有跟他们在一起的时候才会觉得自己充实。

“让我成为你们的客户不就行了吗?”老人最后终于妥协了，同两个年轻人签了一大笔合同。

老人本来十分坚定自己的立场，就是绝不购买上门推销的无用品。但时间一长，这两个推销员花时间和精力给老人造成了一个大大的假象，以至于老人迷失在了这个假象中，最终中了圈套。

欲买而示之以卖，欲卖而示之以买；欲推销这类产品而示之以推销其他有关的产品；欲生产某种产品，却放风说要转产，声东击西在现实生活中可以说是最常用到的一种计谋。

第二套　敌战计

第七计　无中生有

原典

诳[1]也，非诳也，实[2]其所诳也。少阴、太阴、太阳。

无而示有，诳也。诳不可久而易觉，故无不可以终无。无中生有，则由诳而真，由虚而实矣。无不可以败敌，生有则败敌矣。如：令狐潮围雍丘[3]，张巡缚蒿为人[4]千余，披黑衣，夜缒[5]城下；潮兵争射之，得箭数十万。其后复夜缒人，潮兵笑，不设备，乃以死士五百砍潮营，焚垒幕[6]，追奔十余里。

注释

①诳：欺骗，欺诈。

②实：真实的。

③雍丘：地名，位于今河南省南杞县。

④缚蒿为人：把蒿草扎成草人。

⑤缒：把东西绑住从高处往下吊。

⑥垒幕：指营帐。

译文

用假象蒙骗敌人，但不是完全地弄虚作假，而是要将真相隐匿其中。用大大小小的假象来掩护真相。

“没有”却展示给对方“有”，这就是欺骗。欺骗不可以用得太久，否则易被察觉，所以“没有”不能以“没有”结束。“没有”中出现了“有”，则由欺骗变为真实，由虚化为实。“没有”无法战胜敌人，“有”则可以胜敌了。如：安史之乱时，令狐潮围困雍丘，被围困的张巡命人扎了一千多个草人，并给草人穿上黑衣，趁着夜色用绳子把它们垂下城墙；令狐潮一伙以为是敌人，便用箭射之，张巡因此得箭数十万。接着，张巡又再次将人垂下城墙，令狐潮等人以为又是草人，于是哈哈大笑不予防备，被坠下城墙的五百名士兵趁机袭击了令狐潮的军营，烧毁了营帐并追杀之十余里。

解析

伍子胥的故事，我们都听说过。因为遭受小人谗言，伍子胥的父亲和哥哥先后被楚平王所杀，伍子胥虽然逃过一劫，但也成为悬赏捉拿的对象。

对于伍子胥来说，迫在眉睫的事，就是如何逃脱楚王的追杀，如何保住自己的性命。委屈、愤恨等情绪一定有，但那恐怕都是活命之后的事情了。从楚国到吴国，必须要经过昭关，而昭关有重兵把守，这时关口上正好张贴了伍子胥的画像。伍子胥在暗中观察，发现每过一个人，哨兵都会严加盘问，再加上伍子胥的身高本就有一丈，腰粗十围，眉广一尺，目光如电，实在很难蒙混过关。

这下可急坏了伍子胥，竟一夜间愁白了头。当好心人东皋公认出这白发之人正是伍子胥时，大吃一惊，同时也计上心来。原来，此时的伍子胥因为发色的改变，人也显得苍老，看起来足有五十岁，东皋公便找了个身形高大酷似伍子胥的年轻人假装过关。果然，那人立刻遭到哨兵的盘查，并把他押送给楚王。就在这个当口，真正的伍子胥早已经化妆成老者的模样，顺利过关了。

伍子胥过昭关不久，便在路上遇到一位名叫左诚的小吏，不巧的是这小吏曾经跟伍氏父子打过交道，所以立刻就认出了伍子胥。左诚大惊道："朝廷追拿你甚严，你是如何过关的?"伍子胥心想，此人不知是敌是友，如今最好还是把他哄住为妙。于是，伍子胥对他说："楚平王捉拿我的目的，是为了得到一颗夜明珠，这夜明珠是世间罕物，但它早已经落入了他人之手。我刚才已经将此事禀报给了昭关的守将，他便放了我，现在我正是要去寻回这颗夜明珠。"左诚不信，说道："楚王有令，谁要是放了你，就满门抄斩，现在你还是快随我回昭关吧，向守将问明了原委，才能放你走。"

此时再回昭关岂不是自投罗网吗?伍子胥哪里肯跟他回去，于是急中生智，一把揪住左诚的领子说道："你确定要回去吗?若是见到守将，我就说那夜明珠已经交给了你，而你见珠起意，竟把它吞到了肚子里。到时候看你怎么跟楚平王交代，我虽难逃一死，但楚平王恐怕也不会放过你的肚子!"

一席话将那小吏吓得哆嗦，瘫倒在了地上。伍子胥见左诚果然上了钩，便继续说：“为了保全你我两人的性命，你不妨做个顺水人情，现在放了我。这样一来，没人知道你见过我，你顶多落个无功；可你要不放我，就得性命难保！”左诚听了，果然放了伍子胥。

伍子胥在这里用得就是无中生有之计。他凭空捏造了一个夜明珠事件，小吏纵然没有听说过这件事，但也绝不会当下就将这件事否定，必定世间事瞬息万变，不是他一个小吏所能掌握的。伍子胥就是利用小吏这种心理，凭空捏造，唬住了糊涂小吏，这才让自己化险为夷。

无中生有在人际关系中常常意味着欺骗，的确不是一种正大光明的行为。所谓无中生有，就是一个撒谎欺骗的过程，重要的一点就是，容易让人相信的，就引导他；不容易让人相信的，就欺骗他。此种计俩我们在现代商业炒作中常常能看到。

当年美国加州兰丽公司创建兰丽品牌系列产品时，就炒作了一个神乎其神的故事。那时，兰丽公司在推出兰丽产品时，打出的第一个广告就别具一格，那是一只手和几只羊的简笔画海报。在海报旁边附着这样一个美丽而传奇的故事。

很久以前，在一个遥远的国度，有一位对美食极其讲究的国王。国王的御膳房中有一位技艺高超的厨师，不管这位厨师做出什么样的料理，都非常合国王的胃口。然而，这天国王突然觉得餐点的味道有异，便把厨师叫了来，一问才得知厨师的双手不知何因变得又红又肿。

国王立刻召集名医给厨师医治，但始终不见好转，最后厨师因为再也做不出合国王胃口的料理而离开了皇宫。厨师一路流浪来到森林深处一个小村落里住了下来，在那里他认识了一位放羊老人，每天帮老人放羊、剪羊毛。厨师发现，他的手竟渐渐有所好转了，痛觉在慢慢减轻，红肿现象也很快不见了。

痊愈的厨师高兴极了，又乔装打扮了一番重新应聘进了皇宫御膳房。他做的一手好菜依然打动国王，国王只品尝了一口，就知道是他最心爱的御厨回来了。于是，国王急忙召厨师进见，迫不及待地听厨师叙说自己的经历。在得知他的手是在长期剪羊毛的过程中慢慢痊愈时，国王立即命人针对这一线索做研究，结果发现，羊毛中含有一种自然的油脂，对治疗皮肤病特别有效，于是国王命人将这油脂提炼出来，并命名为“兰丽”。

“兰丽”由此得名。这个故事当然是兰丽公司为打出自己的品牌而刻意杜撰炒作出来的，但它无疑是成功的。这个故事使得兰丽品牌听起来有史可依，至少会让普通消费大众认为“兰丽”这个名字并不是随便取的，而是有深厚的渊源的；兰丽产品的精华是从羊毛油脂中提取的，故事的背景也给兰丽以所谓的科学佐证，再加上有国王认证，显得更有权威性。因此，兰丽产品一经上市，就深受消费者的喜爱。

然而事实上，这个故事本身就是无中生有而来，但当人们都认准了“兰丽”这个牌子时，关于故事的真实性，大家已经不在乎了。无中生有之计，在现代商业中就成了一种普遍的现象，商家们对此屡试不爽，从中获得了极大的利润。

无中生有的炒作技巧，其核心实际上就是在宣传上，要采用故意突出、强调的手段，使得别人信以为真。然而，在引导别人去相信的过程中，还要保持自己的低调，不露痕迹，使人不怀疑其中有诈。比如，现在许多明星会借助发达的网络媒体而进行炒作。

一位很有知名度的女明星的疑似不良照片突然在网上广为传播。这位女明星的经纪团队立刻站出来为女明星辟谣，指出照片真人并非该女明星，而是另有其人，这是蓄意诋毁。女明星对此愤愤不平，其支持者也声称一定要将罪魁祸首找出来。最后，照片的真人被找到，她是一位与女明星有几分相似的新人，这位新人自然就成了一时间的话题人物。不久，不良照片事件过去了，人们发现这位新人一下子火了，网上搜索排名不断上升，而在此之前，根本没有人知道她是谁；另外，这个女明星的一部影片上映了，借着前期的炒作，这部影片拿下了不菲的票房成绩。这时，人们才发现，其实不良照片究竟是谁并不重要，重要的是照片事件的当事人，都借着这个事件获得了巨大的成功。

现在我们再来讨论，照片事件的始作俑者究竟是谁呢？是女明星呢？还是新人呢？还有一种可能，就是照片根本就是假的，谁都不是。你会发现，似乎哪种都有可能，你根本说不清楚，事实的真相只有他们自己知道。最终的结果，就是新人借着照片炒作成为话题人物；再者，女明星也没有受到任何损失，事实证明不良照片里的那个人不是她，她是被冤枉、被恶搞的，于是她收获了一箩筐的同情和支持。恰巧这时，她的影片就上映了，事情果然这么巧吗？

到最后，你会发现，不论哪一种结果，发起方得到大利益，传媒得到小利益，而公众只不过成了被耍弄的对象。在整个过程中，我们看到无中生有之计其实就是真真假假、虚虚实实，真中有假、假中有真，虚实互变，扰乱对方视线，使对方造成判断失误或不能造成明确判断，以至于拖累至行动上的失误。

第八计　暗度陈仓

原典

示之以动[①]，利其静而有主，益动而巽。

奇出于正[②]，无正则不能出奇。不明修栈道[③]，则不能暗度陈仓。昔邓艾[④]屯白水之北，姜维遣廖化屯白水之南，而结营[⑤]焉。艾谓诸将曰：“维令卒还，吾军少，法当来渡而不作桥[⑥]，此维使化持我，令不得还。必自东袭取洮城矣。”艾即夜潜军，径[⑦]到洮城。维果来渡。而艾先至，据城，得以不破。此则是姜维不善用暗度陈仓之计，而邓艾察知[⑧]其声东击西之谋也。

注释

①动：指虚假的军事行动。

②奇、正：奇，指出奇不意的谋略。正，指正规的，符合兵家之道的谋略。

③栈道：修建在悬崖上的木制小路。

④邓艾：三国时期的魏国人。

⑤结营：安营扎寨。

⑥法当来渡而不作桥：意思是以兵法来讲，应该直接渡过江水而不是修桥。

⑦径：道路，这里指小路。

⑧察知：察觉并知道。

译文

假装进攻敌人，然后趁敌人防守之时，偷偷潜入敌军后方突然袭击，攻其不备，出奇制胜。

与奇袭作战相对的是正规作战，没有正规战也就无所谓奇袭战。如果不表面上修建栈道，也就不可能暗度陈仓了。三国时，邓艾驻军白水的北岸，姜维则派遣廖化在白水的南岸安营扎寨。邓艾对部下几位将领说："姜维命令他的兵将退守，我们的部队人数少，按照兵法，他早就应该过江直接进攻了，根本不用再在河上修桥。现在我看他们与我军相持而不进攻，这肯定是姜维利用廖化想把我们拖住，使我们离开不得。姜维他自己必定率领大部队向东袭取洮城了。"于是邓艾当机立断，连夜暗中从小路回到洮城。果然，姜维正在那里渡河。由于邓艾领兵先到，得以进城布防，所以洮城才没有被姜维攻陷。这便是姜维不善于运用"暗度陈仓"的策略，而邓艾则能察觉并知道他"声东击西"的计谋。

解析

"暗度陈仓"有同"瞒天过海"之计，其要理很相像，都是以假乱真，避实就虚之计。要想充分理解暗度陈仓的含义，我们还是要看一看此计的出处。“明修栈道，暗度陈仓”一语出自司马迁所著《史记·高祖本纪》。

秦末暴政，反秦义士唯项羽独尊。当时，项羽自封为西楚霸王，并分封各诸侯以领地，其中把巴、蜀、汉三郡分封给刘邦，立刘邦为汉王。刘邦野心勃勃，哪里肯向项羽低头，只不过自己势力不敌，只能暂时忍耐屈就。刘邦在去往领地的途中，谋士张良发现巴蜀地区川岭遍布，蜀道难之又难，只有一条栈道是在悬崖峭壁的险要地方凿孔支架，铺上木板修建而成。为了打消项羽的顾虑，张良思索再三，到了汉中之后当即请刘邦将沿途栈道烧毁。这样一来，既向项羽表明了自己没有再向东扩张的意图，又可以防备他人的袭击，以便自己养精蓄锐，休养生息。

刘邦将栈道烧毁，无疑是下了很大的决心，张良的用心良苦，以及刘邦的坚毅能忍、深藏不露，实在是令人钦佩。果然，等积聚了一定实力之后，刘邦看准时机打算以最快的速度挥师东进，与项羽一争高下。可是，栈道已被烧毁，怎样才能在掩人耳目的情况下快速东进呢?

这时，刘邦的大将韩信便想出了一招“明修栈道，暗度陈仓”之计。陈仓，是刘邦进入关中的必经之地，两地之间有险山峻岭相隔，又有雍王章邯的重兵把守，想要借陈仓东进，必须神不知鬼不觉地突袭。怎样才能使得章邯疏于防备呢？那就是明修栈道。

刘邦按韩信的计策派了最信任的大将樊哙，率一万人去重修五百里栈道，并让他立军令状，限一个月完工。在当时那种条件下，别说一个月完工，即使三年也是不可能的。所以，不明就里的樊哙便拼了命似地、大张旗鼓地修起了栈道。这正是韩信的目的，樊哙修栈道的动静越大，越能迷惑麻痹敌人。陈仓的守将雍王章邯万万没有想到，在刘邦耗费人力物力大修栈道的同时，竟偷偷率领精锐部队翻越无人知晓的小道前来偷袭陈仓。结果，刘邦同韩信，一个“明修”，一个“暗度”，就这样顺利挺进关中，站稳了脚跟，从此拉开了他们开辟大汉王朝事业的帷幕。

从军事上讲，暗度陈仓说的是从正面迷惑敌人，用来掩盖自己真实的攻击路线，而从侧翼进行突袭。这可以说结合了瞒天过海、声东击西的一个出奇制胜的谋略。

“暗度陈仓”要想得以完美实施，尤其重在一个“明修栈道”，这是前提，是伪装。明修栈道就是找一个更加合情合理的理由，让对方觉得你并不可疑。当你在进行这场再正常不过的行动时，对方才会将注意力全部集中在这件事上，反而会毫无顾忌地对你放松警惕。

“暗度陈仓”的妙处就在于明攻暗袭，用虚假的行动牵制住对方的力量，同时迂回绕到对方背后，在对方毫无防备的情况下突袭。这就是“暗度陈仓”的第二个步骤，但这一步骤的实施需要慎之又慎。首先，你得确保第一步“明修栈道”的计划已经达到了牵制对方的效果，否则贸然行动只会使双方受损。在这里，保密工作就显得尤为重要了，将秘密守护到最后，才能突袭成功。

同时，我们还要知道，“暗度陈仓”虽说也是避实就虚的计谋，但它同“瞒天过海”和“声东击西”还有不同，“暗度陈仓”的实施必须要实打实地进行两手准备，虽然“明修栈道”并不会在此时用来作战，但他确实是真正的修栈道，而非装模作样。而“声东击西”则是不必投入实际的精力去实施伪装计划。

早在希腊神话中，就已经有了这种计谋，它就是著名的“木马计”。当时希腊联军拥有 10 万战马、1000 多条战船，去攻打特洛伊居然耗费了九年时间，依然攻不下。特洛伊固若金汤，要怎样才能攻破呢？希腊将领奥德修斯冥思苦想，终于想出了一条妙计。

就在这天，希腊联军突然从特洛伊海面撤了军，当特洛伊城的人出来打探情况时，发现希腊联军除了留下一匹庞大的木马外，早已经消失得无影无踪。当有人高兴地提议把这匹巨大木马拉回城，作为战利品，有人却提出了反对意见，建议还是把它毁掉得好。

就在双方争执不下时，有人带过来几名希腊战俘拷问。战俘便说，这木马是希腊人祭献给雅典女神的，他们故意将它留在这，就是想要你们毁掉它，这样你们就触怒了女神。听了这话，人们便纷纷提议把木马拉回城，再无异议。然而，特洛伊人不知道，他们正中了希腊人所设下的“暗度陈仓”之计。这匹巨大的木马的腹中藏着一支希腊精锐部队，他们正等着愚蠢的特洛伊人将他们拉回城呢。到了那天夜里，当特洛伊人进行全城欢庆的时候，海上亮起了星星点点的灯光，原来希腊战舰又原路返回了。上了岸的希腊士兵同木马腹中的精锐部队里应外合，一举拿下了特洛伊。

这是历史上所记载的一场著名战役，“木马计”从此闻名天下。其实它同“暗度陈仓”之计如出一辙。希腊人先是做出撤军的准备，这的确是真正的撤军，只不过他们同时也已经做好了返回的准备。接着，他们给特洛伊人留下了一匹巨大的木马，谁也不知道这木马腹中竟藏着一支精锐部队。为了将戏演完满，希腊人还故意放出几名俘虏，让特洛伊人从他们口中得知这木马的来历，然后将它运回城内。就这样，希腊人的这支精锐部队，就在光天化日之下，被堂而皇之地请进了特洛伊城。

暗度陈仓的计谋挪用到现代商战，实际上更为普遍，我们甚至每天每时每刻都被商家的这种计谋所迷惑。比如，不知从何时开始，大到百货商场，小到生活超市，琳琅满目的货柜面前，商品的价格从以前的凑整变成了凑零，而且像 2.8 或 3.9、99.8 这样以小数点后面 8、9 结尾的数目居多。这是为什么呢？其实，这就是商家所进行的一种明修栈道、暗度陈仓的计谋。

原来，经济学家早就发现，商品价格的微小差别，往往会让犹豫不决的边缘顾客做出两种截然不同的反应。价格在 5 美元以下的一系列商品中，定价末尾是 9 的最受欢迎；价格在 5 美元以上的，定价末位是 9 或者 5 的商品销售状况最好；而商品价格为 100 美元这样的整数的，不如 99 美元或 98 美元的更畅销。

微小的定价差距果然能促进消费者的购买欲望吗？事情就是这么奇妙。一家卖日化用品的公司推出了一款新型牙刷，为了促销，公司打出了低价，每只牙刷仅售 1 元钱，结果大多数顾客都只是看看就扭身离开，一天也卖不出去几只。后来，公司听取厂家建议，将牙刷的价格从 1 元降到了 0.98 元。不料短短几天，这批牙刷销售一空。这家公司感到很奇怪，只是便宜了区区 2 分钱，就发生了截然不同的两种结果，这也太神奇了。

其实，人们在乎的不是那 2 分钱的差距，而是一个整数和非整数的区别。对于他们来说，1 元是个整数，在人们的观念里，整数通常来说都是卖方的概数价格，也就是说这个数目是经过四舍五入之后的，而且商家为了利益，肯定会多入一点，绝不会舍一分一厘。所以，消费者不相信整数的价格。而 0.98 元是个非整数价格，尽管这个非整数跟整数 1 元并没有相差多少，但却给了消费者不同的信息，即商家的价格是通过精确估算的，有零有整，让他们觉得很公道。1 元和 0.98 元还有一个最能打动消费者的根本区别，就是前者的概念是“元”，而后者的概念是“角”，“角”比“元”明显降低了一级，即使只相差 1、2 分钱，人们也会有 1 块钱和不到一块钱这两种完全不同的心理印象。

所以，当我们走进商场，看到大大小小的牌子上都打着“0.99”、“99”、“199”……等令人倍感信任和心动的价格时，不要冲动购物，否则你就落入了商家明修栈道，暗度陈仓的计谋。商家们是在打着降价或贴价销售的幌子，实际上是利用心理学来激发消费者的购买欲望，从而拓宽销售市场，增加利润。

第九计　隔岸观火

原典

阳乖序乱，阴[1]以待逆。暴戾恣睢[2]，其势自毙[3]。顺以动豫，豫顺以动。

乖气浮张[4]，逼则受击，退而远之，则乱自起[5]。昔袁尚、袁熙奔辽东，尚有数千骑。初，辽东太守公孙康[6]恃远不服。及曹操破乌丸[7]，或说曹遂征之[8]，尚兄弟可擒也。操曰："吾方使斩送尚、熙首来，不烦兵矣[9]。"九月，操引兵自柳城还，康即斩尚、熙，传其首。诸将问其故，操曰："彼素畏尚等，吾急之，则并力；缓之，则相图，其势然也。"或曰："此兵书火攻之道也。按兵书《火攻篇》前段言火攻之法，后段言慎动之理，与"隔岸观火"之意亦相吻合。

注释

①阳、阴：阳，指我方。阴，指敌人。

②戾、睢：戾，凶暴，凶残之意。睢，任意妄为。

③其势自毙：自己把自己逼上死路。

④浮张：意为嚣张。

⑤乱自起：自行发生内乱。

⑥公孙康：三国时期人士，为曹操手下大将。

⑦乌丸：又名乌桓，位于今内蒙古赤峰市阿鲁尔科沁旗西北。

⑧说曹遂征之：游说曹操远征公孙康。之，指公孙康。

⑨不烦兵矣：就不兴师讨伐他了。

译文

敌人内部出现矛盾造成混乱之时，我军只需静观其变，等待其发生暴动。待敌凶残暴戾、任意妄为之时，他们自己已经把自己逼上了死路。我方应坐观敌人内部自相残杀，不急于采取进攻手段、顺势而为。

当敌人混乱、躁动时，若进攻他，会使敌人团结一致、合力抗击；若是远远避开，其内部暴乱自会发生。三国时期，袁尚、袁熙二人逃往辽东之时，尚有数千兵马。最开始，辽东太守公孙康仗着自己处于偏远之地，不肯向曹操屈服。等到曹操大败乌桓之时，有人劝他趁机征讨公孙康，顺便擒拿袁家两兄弟。曹操说："我刚派人告诉公孙康送上袁家两兄弟的首级，就不劳师动众征讨他了。"九月，曹操领兵从柳城返回，公孙康得知消息后马上杀了袁家两兄弟，并将二人首级送到曹操府上。众部将问他其中的缘由，曹操说："公孙康一直忌惮袁家两兄弟，倘若我马上攻之，他们一定会联合起来对付我；若稍缓一下，他们则会互相攻击，这是再自然不过的事了。"有人说："这出自于《孙子兵法·火攻篇》。按兵书《火攻篇》前面讲的火攻之法，后面讲的慎用兵之理，与“隔岸观火”之意吻合。

解析

第一次世界大战和第二次世界大战期间，当全世界都卷进这场滚滚硝烟时，美国不但避开了所有的损失，还大发了一笔战争财，原因就在于美国始终对战争采取一个“隔岸观火”的姿态。

1914 年，同盟国与协约国两大帝国主义阵营为了争夺世界霸权，发动了规模空前的世界大战。英、法、比、德、奥、日、意、罗等国相继投入战争，战火迅速从欧洲蔓延到中东、远东和非洲。美国作为一个后起之秀却没有盲目地卷入这场帝国争霸赛中，它一直在静观其变。之后，美国对这场战争进行了冷静而长远的分析，它认为如果一战由协约国取胜，那就意味着沙皇俄国将统治欧洲大陆的大部分国家，它因此将变得更为强大；如果德国胜利，那么就相当于欧洲胜利，那么这对美国也将是不利的。所以，美国将依然保持观望姿态，那就是不参与战争，反而趁机抢占国外市场，大发战争财。美国总统威尔逊就说了：“和平而体面地征服外国市场，是美国合理的雄心壮志。”

果然，美国的工业在一战期间飞速发展，它的出口贸易大幅度增加，钢铁、汽车、化学和造船工业，在 1914 年到 1916 年期间，为美国增长了 400 亿美元的增值。英国对德国海港实行封锁政策后，美国对德国和奥地利的出口也几乎关闭，而对协约国却增加了三倍。这种经济关系的变化，使美国同协约国各国的利益变得休戚相关。

再加上德国在潜艇战上使美国商船遭受了重大损失，美国同德国之间的利益矛盾越来越深。1917 年，俄国国内发生了二月革命，眼看就要退出大战舞台，一旦俄国退出，那么德国必然得势。美国首先想到的是自己借给英、法两国的亿万贷款将因为大战的败北而打了水漂。不得已，美国只得亲自参战，帮助英法取得胜利。

参战也不忘发财，美国参战后，它对协约国的军火物资的供应量也迅猛增加。协约国已经再付不起美元，却支付给了美国更好的东西，那就是黄金，这使得美国的黄金储量一下子占据了世界黄金总量的 1/2。战前，美国欠外债 60 亿美元，大战结束时，美国不但不再欠债，还对外放债 103 亿美元。美国利用第一次世界大战，先是“隔岸观火”，趁机快速发展经济，然后在最佳的时机参战，坐收渔利，一跃成为世界首屈一指的经济大国。从此，美国的地位犹如磐石，牢不可动。

在尝到第一次世界大战的甜头后，美国在第二次世界大战期间，依然选择“隔岸观火”的态度。美国在援助和支持反法西斯的过程中，一方面的确履行了国际道德义务，在政治和经济上给予了一定的支援，而在军事方面则是在精打细算，给予的支援相对保守。直到 1941 年 10 月，当德军向莫斯科大举进攻之际，苏、美、英三国代表在莫斯科的一次会议上，签订了一个由英美两国向苏军提供武器装备和战略物资的议定书。从此之后，英美才在军事上对反法西斯同盟做出了一些大的支援，使得战争有利局面扭转于反法西斯同盟一方，为最后的胜利奠定了物质基础。

美国之所以能在两次世界大战中成功使用“隔岸观火”这条计谋，有它必然的优势。其实，“隔岸观火”计的使用并不像我们想象中那样悠闲。就拿美国来说，如果它一开始站错了立场，支持了法西斯一方，那么就算它同法西斯获胜了，那么它跟法西斯之间仍然要有一场殊死搏斗，到时候鹿死谁手还不一定。再者，美国要想大发战争财，就不可能永远保持一个观望姿态，它总要表明自己的立场，选择一个时机参战，这个时机就很重要了。时机选不好，美国就可能惹火烧身。因为美国要对付的不是一个国家，而是整个世界战场。要想打击并消灭敌人，就不能盲目地趁火打劫，要先袖手旁观，看清火势发展，等待火势蔓延，从内部烧毁敌人的有生力量时，再选择出击，这才是“隔岸观火”的精髓所在。

为自己选择一个坚实的观火堤岸尤其重要。这个堤岸要离火场不远不近，近到能细致地观望局势，远到不被火势所波及。总体来说，对于实力本就占优势的一方来说，隔岸观火之后，就可以大行摧枯拉朽之势了；而对于实力不济的一方，隔岸观火则可以让其乱中取胜。

20 世纪 70 年代，印度政局因为总理夏斯特里的突然逝世而陷入一片混乱，其混乱的根源自然就是各路政客对总理一职展开了一场激烈的角逐。当时，英迪拉作为一介女流是其中实力最弱的一方，如何才能成功地登上政坛顶峰呢？英迪拉在经过一番冷静的分析后，决定先不过早地投入争斗，而要等各路政敌打得两败俱伤时再主动出击。

所以，在一开始几乎没人在意英迪拉，谁也没有想到她居然隐藏着如此大的野心。形势的发展果然如英迪拉所料，当时最热门的候选人就是国大党资历深厚的德赛和代理总理南大。然而，德赛骄横无比，时常摆出一副总理之位非他莫属的姿态，结果伤害了党内辛迪加派的感情；而另一方面，代理总理南达则抓住了时机，肆意攻击德赛，同时还不忘为自己升任总理之事奔走忙碌。总之，印度政局陷入大混乱。

这时候，英迪拉在干什么呢？她在自己的家中悠闲地喝茶养花，观察着政局的变动。人们都认为她无意问津此事，因此没有人去发难她，她也因此始终保持住了一个政治家应有的谦恭风范。当总理之争已经演化到不可收拾的地步时，英迪拉终于开始活跃了。她亮出尼赫鲁之女的身份博得好感，再加上党内各派的舆论对她始终没有任何非议，她又极力展现出自己的政治才华，最终种种有利条件使她征服了各派人士的支持。不久之后，南达在英迪拉无以阻挡的优势下，自动退出了政坛。而德赛仍不死心，公开对英迪拉展开谩骂和侮辱，想要激怒英迪拉，但英迪拉始终保持了一个谦逊的风度，博得了公众的好感和支持。最终，英迪拉成功当选为总理。

人人都知道“鹬蚌相争，渔翁得利”的教训，但当我们身处鹬蚌相争的处境时，却往往会忽略身边是否有这样一个渔翁。战国时候，秦朝几经改革，突然从诸侯国中崛起，成为战国末期一霸，雄踞关中。但逐渐强大起来的秦国并没有立刻卷入战国七雄间的争霸战中，而是采取隔岸观火的态度，观察着六国之间的厮杀，从而趁火打劫。因此，在这期间，秦国靠着趁火打劫从六国割到不少的城池和土地。

比如，赵国打算对实力最弱的燕国用兵，燕国在六国中实力最弱，根本无法抵抗赵国的进攻。但燕国有一个谋士，他就是大名鼎鼎的六国之相苏秦的弟弟苏代，燕王便派他到赵国进行游说，希望说服赵惠文王不要出兵伐燕。

于是苏代领命去了邯郸，赵惠文王对苏代的来意自然是心知肚明，于是不等苏代开口便先将了一军："苏先生远道而来辛苦了，但不知您来我们赵国有何贵干啊?"

苏代一听这口气，便知道赵惠文王早有准备，这是要给自己一个闭门羹吃。于是苏代也不先把话挑明，不卑不亢地说道："我这次来是专程给大王讲故事的。"

赵惠文王一听，觉得这倒新鲜，当下便问："什么故事? 讲来听听?"

于是，苏代寒暄后，便开始讲起了故事："大王，臣这次来赵国，在路上的时候经过易水，看到了一幅有趣的情景，觉得很受启发，因此讲来给大王听。我当时看到一只河蚌正展开了双壳在易水河边晒太阳。突然，不知哪里飞来一只鹬，看到河蚌嫩白的肉便伸着长嘴去啄。不料，河蚌反应十分敏捷，立刻合拢了它的壳，把鹬的长嘴夹住了。明明被人家夹得死死的，可这只鹬却十分嘴硬，不但不求饶，还十分有气势地说道：'死河蚌，夹住我的嘴不要紧，只要今天不下雨，明天不下雨，后天你就会被晒死，到时正好吃你的肉。'蚌听了也豁出去了，说道：'你还不是也一样。今天你的嘴拔不出来，明天也拔不出来，后天你也活不成。'双方就这样互不相容，吵来吵去。正当它们争吵扭打得激烈时，坐在一旁看了好久的渔翁走了过来，一把将它们两个兜进了渔网。”

赵惠文王听完这个故事，若有所思。苏代趁机便说：“听说您要发兵攻打燕国。如果真是这样，那么赵国、燕国恐怕就要上演一出鹬蚌相争的好戏了，不知道到时候坐收渔利的会是谁呢?”赵惠文王一听如梦方醒，立刻放弃了攻打燕国的计划。

隔岸观火是一出智者之计，为什么说是智者之计？因为实施此计的人十分善于审时度势，他需要从纷乱的纠葛之中站出来，将自己放在一个更高的角度去观察，去静待，等到对自己最有利的时候，便顺势出击。

当敌人运用隔岸观火之计时，我们首先要以大局为重，维持好内部团结。内部发生了矛盾，也不必害怕，我们应尽量及时反省，不能让矛盾再发展到不可收拾的地步，小心有人坐收渔利。

第十计　笑里藏刀

原典

信而安之①，阴②以图之；备而后动，勿使有变③。刚中柔外④也。

兵书⑤云："辞卑而益备者，进也……无约而请和者，谋也。"故凡敌人之巧言令色，皆杀机之外露也。宋曹玮知渭州，号令明肃，西夏人惮之。一日，玮方对客弈棋，会有叛卒数千，亡奔夏境。堠骑⑥报至，诸将相顾失色，公言笑如平时。徐谓骑曰："吾命也，汝勿显言⑦。"西夏人闻之，以为袭己，尽杀之。此临机应变之用也。若勾践之事夫差⑧，则意使其久而安之矣。

注释

①信而安之：用计策取信于敌人，使之安心。

②阴：私下，暗中。

③勿使有变：不能发生意外的变故。

④刚中柔外：意思是外柔内刚。

⑤兵书：指《孙子兵法·行军篇》。

⑥堠骑：骑着马的侦察人员。

⑦勿显言：不要四处声张。显言，意思是四处张扬，四处声张。

⑧勾践之事夫差：指越国被吴国覆灭之后，越王勾践为复国忍受屈辱侍奉吴王夫差之事。

译文

先用计策取信于敌人，使之安心，然后私下策划打败敌人的计谋；做足准备之后伺机而动，不能使计谋实施时发生意外的变故。这就是外表柔和，内心强硬的表现。

《孙子兵法·行军篇》中说："敌人表现得言词谦卑，在暗中却加紧准备，这是向我发动进攻的迹象……没有具体条约文字而来请求媾和的，一定是另有阴谋。"所以。凡是敌人花言巧语，态度卑恭，其实都是泄露出来的杀机。宋代时，渭州由知州曹玮镇守，由于他纪律严明，所以西夏人都忌惮于他。一天，曹玮与客人下棋之时，突然得知自己的军队中有数千人叛变，往西夏国逃去。当负责查探的士兵前来报告时，众将面面相觑，大为惊慌，只有曹玮像往常一样谈笑自如。他对侦察兵说："是我下令让他们趁机潜入西夏的，你们别四处张扬。"西夏人得知后，便以为这些叛变的兵将想借机突袭西夏，就杀了他们。这就叫随机应变。这和越王勾践忍受屈辱伺候吴王夫差，让其放松警惕，然后趁机灭之的道理一样。

解析

擅长玩扑克的人一定知道，其实从摸牌开始就已经进入到了游戏角逐中。这就关系到一个心理活动及大脑反射的作用。当你摸到一张牌时，大脑会将你的心理活动丝毫不差地反映到脸上，让人一看就知道你摸到的是好牌还是烂牌。所以，在出牌之前，对方就已经心中有数，而你却以为好戏才刚刚开始。当你终于意识到自己的疏忽大意，并下决心以其人之道还治其人之身时，你却发现自己怎么也看不出对方的面孔中透露着任何关于扑克牌的信息，这是因为对方早已经练就了一张面无表情的扑克脸，让你猜不到他的心思。

战场上，也应该练就一张扑克脸，用更加专业的术语讲，这就是“笑里藏刀”之计。所谓笑里藏刀，就是隐藏杀机，给对方造成你很友善的假象，从而趁其不备露出“杀之刀”。

伍子胥过昭关逃到吴国之后，遇到了一位贵人，这人就是吴国的公子姬光。姬光，就是后来鼎鼎大名的吴王阖闾，也是吴王诸樊的儿子。吴王诸樊有三个弟弟，大弟余祭，二弟夷，三弟季札。诸樊心知三弟季札贤能，有意传位于他，但又怕大弟、二弟不服，于是将王位依次传给三个弟弟。诸樊死后，余祭即位。余祭死后，传给了夷。夷死后，本应该传给季札，谁知季札无心政治，不肯继位，更是外出云游，过起了隐居的日子。既然季札不受，那么本应该将王位还给长侄，也就是吴王诸樊的大儿子姬光，但夷之子僚却起了野心，自立为吴王。公子姬光对此一直耿耿于怀，暗中伺机除掉僚，夺回王位。

然而，这种杀机是不能写在脸上的，为了隐藏杀机，公子姬光一直对吴王僚毕恭毕敬、唯命是从，甚至有些巴结奉承。这个时候，公子姬光遇到了从楚国逃到吴国的伍子胥，姬光一眼便看出伍子胥是个勇猛侠气、智勇双全的英雄，便有意拉拢他。伍子胥在历经百般磨难后，难得碰到知音，于是发誓效忠姬光，对他尽心尽力。在得知姬光有意夺回王位时，伍子胥立刻将自己的好朋友刺客专诸推荐给了他。于是三人密谋，等待时机成熟，便刺杀僚王。

姬光在吴王僚身边隐藏多时，早已经对他的起居饮食了如指掌。他知道僚王十分喜欢吃鱼，便让专诸专心学习炙鱼的烹饪方法。吴王僚 12 年，楚平王过世，吴王派公子盖余、烛庸领兵趁楚丧攻打楚国，结果却被楚军围困。此时吴公子庆忌正出使卫、郑二国。姬光见僚身边的大将都不在，认为时机成熟，便同伍子胥、专诸商议一番，布局刺杀僚王。

姬光像往常一样，前去向吴王僚请安，然后趁机说出自己家中新得了一位擅长烹鱼的厨子，其厨艺高明，然后笑盈盈地邀请僚前去家中做客吃鱼。吴王僚果然应了，但为了以防万一，还是身穿了三层甲衣，一路上布满警卫，最后还带了一百名贴身侍卫进了姬光家。

姬光见了并不生气，反而笑脸相迎，客气地邀请吴王僚入座就席。席间，姬光装作脚疾突发，便离了席，不久专诸便在吴王僚的重重警卫下，手捧一碟香美的炙鱼来到吴王僚面前。说时迟，那时快，只见专诸飞快地从鱼肚中抽出“鱼肠”短剑，猛地刺入吴王僚的怀里。短剑何其锋利，竟穿过吴王僚的三层甲衣，从背部刺出，僚当场毙命，专诸也被僚的警卫乱刀砍死。这时，姬光、伍子胥率数百名伏兵从两侧杀出，立刻制服了僚的卫队。于是姬光继吴王位，名号阖闾，伍子胥则成为他最重要的大臣。

事例中，我们可以看到，笑里藏刀的要义有三点。其一，就是要掩饰住自己的杀机。无论是亡国灭族之仇，还是杀父夺妻之恨，都要有足够的忍耐力，控制住自己的情绪。其二，就是要能给对方一个极具诱惑力的东西。即便你的杀机隐藏得再好，也绝不要指望敌人对你完全放下戒备。这个时候，给姬光提供机会的正是对吴王僚极具诱惑力的炙鱼手艺。其三，就是要把握住来之不易的机会。十年磨一剑，姬光等待刺杀吴王僚的机会一等就是十二年，所以一定不能有所犹豫，抓住机会拔出隐藏的刀。否则，偷鸡不成蚀把米，多年的辛苦都将功亏一篑。

笑里藏刀的精华在于一个“藏”字，你藏得未可以是你的真实意图或最终目的。在现代商业中，笑可以理解为搞好人际关系，或者向对方实施不求回报的帮助。当然，天下没有免费的午餐，你的不需要回报只是表面作秀，等水到渠成自然能得到更大的回报。

北京首富李晓华从一名一无所有的下乡知青走到今天，可以说跟他“笑里藏刀”的感情投资脱不了干系。当年，32 岁的李晓华再一次展会上看到一台美国研发的果汁机，敏锐的嗅觉立刻告诉他，这台果汁机将成为他发财致富的第一站。然而，样品机是不允许买卖的，李晓华并没有气馁，他千方百计地同展商结交朋友，不断地请展商吃饭，送烟送酒，直到最终打动了展商，破例将这台果汁机卖给他。李晓华就靠着全中国第一台果汁机净赚了十几万。

李晓华第二次人生转折是在日本。当时，他去日本深造，偶然看到一条中国生产的章光 101 毛发再生精的新闻，李晓华再次确定，这个产品可以给他带来巨大的商机。李晓华立刻回国对生产这个产品的厂家进行了一番调查。原来，章光 101 在国内已经销售很火爆了，而且在日本也已经拓展了两家代理商。因此，李晓华前两次前去工厂拜访并谈合作意向时，都被礼貌性地拒绝了。

但李晓华没有气馁，他第三次去拜访，这次他不再是以一个普通客户的身份。原来，李晓华已经向外透漏了这样一个消息，即旅日华侨李晓华将决定向工厂捐赠价值 100 多万元的大客车和小汽车各一辆，以解决该厂领导和职工交通不便的问题。一个月后，两辆车将准时送达。在这期间，李晓华还个人出资为 101 打广告，在各大新闻媒体上宣传 101 生发精。这就让 101 的厂长不得不在心里打鼓了，这么大的人情可以这样白白接受吗？

无疑，李晓华是在进行感情投资，但这很冒险。他并没有同 101 订立什么契约合同，所有的付出完全都是他一厢情愿。李晓华凭什么敢冒这么大的风险呢？他的原因有两点，第一，他已经预测到 101 有着广阔的发展前景，而且他已经通过媒体宣传的方式让厂长看到了这种前景。原来，自从经过李晓华的大力宣传，市场上流出去的产品已经供不应求了。第二，你敬我一尺，我敬你一丈。厂长见了他的诚心，一般来说是不会再让他的苦心付之东流的。况且，他的实际做法已经向厂长证明，他是一个再出色不过的代理商了。

果然，当两辆汽车到货时，厂长就已经做出了决定，即让李晓华成为 101 在日本的第三家代理商。李晓华也绝没有让厂长失望，他在日本创造了十分优秀的销售业绩。在国内每盒售价仅 40 元人民币的 101 毛发再生精，在日本售价达 200 美元。

李晓华的成功，靠得是对商机的敏锐，更是感情投资带来的结果。笑里藏刀，不仅是一种计谋，更是一种眼光和智慧。如果没有他笑嘻嘻的感情投资，又送车子又免费做广告，那么厂长是不可能轻易给他销售代理权的。

在中国社会中，历来都是讲人情讲交情的，那么这种感情投资就成了人情社会中有效的投资策略。通过金钱、实物等等投资，无形中转化成了感情，得到的回报也有意无意地体现在感情当中，那么到了这时，投资自然而然又会以金钱、实物等东西回到你的面前。

第十一计　李代桃僵

原典

势必有损[①]，损阴[②]以益阳[③]。

我敌之情，各有长短[④]。战争之事，难得全胜。而胜负之诀，即在长短之相较。而长短之相较，乃有以短胜长之秘诀。如以下驷[⑤]敌上驷，以上驷敌中驷，以中驷敌下驷之类，则诚兵家独具之诡谋[⑥]，非常理之可推测也。

注释

①损：指舍弃某些事物。

②阴：指微小或局部。

③阳：指整体或全局。

④长短：指优势和劣势。

⑤驷：原指四匹马拉的一辆车，这里专指马。

⑥独具之诡谋：特有的奇谋策略。独具：独有的，特有的。

译文

当战局发展到必须要舍弃某些东西时，就要果断弃之，用舍弃局部的策略保全整体。

敌我双方的情形，各自都有各自的优势和劣势。在战争中，完全的胜利是不易获得的。双方的胜败，就在于双方强弱的较量。在双方力量强弱的较量中，同样存在着以弱胜强的秘诀。比如田忌与齐王赛马，用下等马对上等马，用上等马对中等马，用中等马对下等马，这样的巧妙计策便是军事家特有的谋略，绝不是普通人用常理可以推断得出的。

解析

有一个“两兄弟和三张饼”的故事。故事是这样的，饥饿的兄弟俩面前有大小不同的三张饼。老二学习孔融让梨，先让哥哥挑选，哥哥于是毫不客气地选择了最大的那张饼，而弟弟默默地拿起了最小的那张饼。没过一会儿，弟弟很快吃完了小饼，顺手拿走了第二张饼。这时，本以为拿到大饼而沾沾自喜的哥哥才恍然大悟，自己拿了大饼却丢了第二张饼。

事情往往就是这样，如果你是个完美主义者，事事都追求完美、盈利，而不懂得放弃，那么你最多只能获得小利，失去大利。这就像田忌赛马，当双方的情况各有优劣时，方方面面都想取胜是很难的。因为胜败的关键已经转变成了双方优劣长短的较量。按照寻常理论，如果用差一点的上等马对齐王的上等马，差一点的中等马对齐王的中等马，差一点的下等马对下等马，那么不管怎么比，都不可能赢得了齐王。这时，就不如舍弃最劣等的那一组，这样一来，虽然输掉了一局却赢了两局，三局两胜。

春秋末期，齐国大夫田成子大权独揽。齐国当时的处境是内忧外患，百姓们苦不堪言，外部各诸侯伺机挑衅。

越国指责田成子名不正言不顺，说他篡权夺位，以此为借口要出兵齐国。田成子立刻召集幕僚商议对策。一番争论后，有的主张兵来将挡，水来土掩，誓死抵抗；有的则不主张迎战，因为国内人心浮动，大王上台就打仗，会失去民心，但怎样避开这场战争，也拿不出个合适的方案；还有的甚至提出割让城池以换得安宁的下下策，但这种换来的安宁只是暂时的，一旦开了割让城池的先例，敌人就会得寸进尺，而且刚上台就舍城丢池，将来难以树立威望。就这样，大家争来争去始终没有争出个合理方案来。

正在田成子一筹莫展之时，他的哥哥完子献上一计："请求大王准许我率领一批贤良之臣出城迎敌。这迎敌一定要真打，只不过打一定要战败，不仅战败而且一定要全部战死。这样一来才能退越兵，保国家。"全场一听都惊了，这是何道理呢？听完大家的疑问，完子从容回答道："大王现在占据齐国，本就名分不正，老百姓又还没看到你的治国本领，所以私下里一定对你议论纷纷，说你是窃国之贼，一定不会情愿替你打仗。然而现在越国来犯，贤良之臣忧国忧民，其中不乏骁勇善战之辈，他们一定会因为国家君王蒙受耻辱而急于出兵迎战。将猛而民怠，以这样一种状态去迎战，我们齐国已经很令人忧虑了。”田成子听了连连称是，但随即提出自己的疑问，难道让这些贤良之臣去主动送死就能解决这种状况、保全国家了吗？

完子说：“越国出兵为的是什么？无非就是想在诸侯国面前抖抖威风，落个正义的名声，因为它自己也知道，以它目前的实力想吞并我们是不可能的。不如让我带领一批贤良之臣出兵迎战，战败而死，这叫以身殉国。越国见杀死了大王的兄长和这么多的贤良之臣，那么他出风头的目的也就达到了，自然就会退兵。再者，我们的壮烈牺牲还能换回国内民心的团结，民心稳定了，比什么都重要。”

田成子终于明白了哥哥的一片苦心，于是边听边流泪，最后哭着为哥哥送别。果然，完子以身殉道，越国退了兵，而齐国民心稳定，得了救。完子在齐国危机之时，权衡各方面利弊，利用李代桃僵的计策，最终以己之死，保得整个国家的安全。

李代桃僵面临的是取舍问题。有时候究竟是失去得多还是获得多，未必是一个容易计算的问题。为了防止丢了西瓜拣芝麻的事情发生，你必须要做一个算数高手。田成子在这次的取舍中，虽然输掉一场战争，却换来日后的和平；虽然失去了仁义博爱的好臣子、好兄弟，却收获了国内人心的稳定。

在现实生活中，在顺境时，我们也会面临一个“小”和“大”的取舍，我们应该舍得放弃其中较小的一利益，来保全较大的一部分。在面对困境时，我们更应该权衡利弊，做到牺牲局部，保全大局，这样才能够化险为夷。世事变迁，事物总是发展变化的，因此，我们还要根据环境的变化来做出最新的利弊权衡，分清主次后做出取舍，以便可以随时保持整体的最好效果。凡成就大事的人无不懂得取舍道理的，为了谋求更大的发展，就必须果断放弃眼前的某些利益。

美国石油大王洛克菲勒就是个懂得利益取舍的高人，他曾经以牺牲自己名分为代价，拯救公司于水火之中。而事实证明，他的这种牺牲是值得的。

当时，美国国会通过了一条限制经济垄断的反托拉斯法案，许多曾经显赫一时的垄断巨头被迫解散，洛克菲勒的美孚石油公司也受到起诉。再加上洛克菲勒树大招风，多年来积聚了不少对手，就在这个节骨眼上，这些对手纷纷制造舆论，通过国会、舆论界、司法界向洛克菲勒施加压力。美国国会不得不再一次向美孚石油公司提起诉讼，勒令其解体。

美孚董事会立刻针对这一危机事件研究对策，利用各种关系进行疏通都没有办法。当时，董事会许多人都做出了最坏的打算，总裁洛克菲勒也觉得自己这次恐怕是在劫难逃了。然而正当洛克菲勒准备向国会束手就擒时，一位名叫杜勒斯的青年律师向洛克菲勒提出了一条绝顶妙计。

青年杜勒斯说："反托拉斯法的限制对象是巨头大公司，我们让各分公司独立经营不就可以了吗?”洛克菲勒原来对这名年轻人不屑一顾，但没想到青年语出惊人，这不失为一个好方法，只不过……随后，洛克菲勒提出了自己的疑问：“让各分公司独立，这不等于架空我了吗?”

杜勒斯回答说：“不。让各分公司宣布独立，只不过是名义上的事，不会影响您丝毫的权力。不过，您也不是一点损失也没有，您唯一的损失就是总裁名分。我们可以这样做，把各州的石油分公司分别改为公司，例如纽约美孚石油公司、新泽西美孚石油公司、加利福尼亚美孚石油公司、印第安纳美孚石油公司等。每个公司再设立一个名义老板，但真实的操纵者还是您本人。这样一来，美国美孚石油公司已经不复存在了，但其实它的本尊还在您的袖筒里。”洛克菲勒边听边连连称赞，立刻照杜勒斯的方法将各公司独立出去。这一招果然有效，它在舆论上让美国国会无话可说，更不会再提起诉讼。

洛克菲勒就这样以总裁名分换取了整个公司的生存。虽然表面上看起来美国美孚石油公司已经不复存在，但正如杜勒斯所说，它实际上仍然掌控在洛克菲勒的手中。在这次的取舍中，洛克菲勒李代桃僵，巧妙地保全了最大利益。

以“李”之牺牲，换取“桃”之保全，在这个过程中，我们应该注意的是，不能因此而顾此失彼，更不能反向替代。“李”是可以牺牲的局部，“桃”，是要保全的整体。“李”的角色固然是悲剧的，但绝不能因为它而毁掉更大的“桃”。反言之，我们在应用李代桃僵之计时，也应该防备被别人当做弃子，也就是可以牺牲的“李”。若想避免这种命运，我们要做的就是不逞英雄不逞能，非己之过不要揽，是非之地不久留，不白之冤不要受，绝不替人背黑锅。

第十二计　顺手牵羊

原典

微隙[1]在所必乘；微利[2]在所必得。少阴，少阳[3]。

大军动[4]处，其隙甚多，乘间取利[5]，不必以战。胜固可用，败亦可用。

注释

①微隙：指细小的漏洞。

②微利：指微小的利益。

③阴、阳：阴，指过失。阳，取胜之意。

④动：这里是转移，移动的意思。

⑤乘间取利：利用对方的漏洞取胜。

译文

若发现敌人细小的疏漏，必须利用；战争中即使利益再小，也要得到。把敌人的小疏漏转化为我方取得胜利的计谋。

敌人大军处于移动的时候，它的漏洞一定非常多。利用敌人的疏漏，就可以取得胜利，不一定非要用正规的方法作战。这种灵活的作战方式，在胜利形势下可以用，在失败的情况下，也可以用。

解析

有心栽花花不开，无心插柳柳成荫。世间之事奇妙无穷，你会在不经意间遇到一些意外的机会。这个时候，就看你有没有本事将机会变为收获了。战场上，更是充满了变数，一定要把握随时与你擦肩而过的时机，以便“顺手牵羊”。

战场上不乏“顺手牵羊”之计。例如春秋时，秦穆公本来计划好去攻打郑国，然而当大批军队行至途中之时，却得知郑国已经有所戒备，灭郑的计划破灭，可就这么回去未免太得不偿失了，便顺手灭掉了滑过，而后才班师回朝。这可谓是“顺手牵羊”的典型。

可见，“顺手牵羊”的“羊”本是计划之外的收获。当原计划不能得以正常进行时，那么立刻环顾四周，看有没有防守有间隙，或者攻击力薄弱的“羊”。如果拿下这只“羊”不影响原计划，不妨碍主要目标，那就不妨利用时机，出动小股部队，神不知鬼不觉地攻击。这种额外的收获，或者没有料到的战果，就可以称为“顺手牵羊”。

“顺手牵羊”讲的就是一个机会问题，在不影响大局的前提下，你大可以抓住一切近在眼前可以利用的机会，没准就会得到意外的收获。

《三国演义》中有这么一段。那是在赤壁之战后，刘备乘周瑜不备巧取荆州，气得周瑜直跺脚，后来派人多次讨还都没有成功，周瑜气急败坏。这时，突然传来消息说刘备死了甘夫人，周瑜于是心生一计，准备夺回荆州。

原来，孙权有一妹妹尚未出阁，周瑜之计便是要假意嫁妹，目的是要把刘备骗到江东完婚。一旦刘备过了江，就立即把他软禁起来作为人质，这时再要挟诸葛亮讨回荆州。周瑜于是立刻修书一封，将这计谋秘密禀报给了孙权。孙权心想，反正也不是真要嫁妹，也不用禀报给母亲，便同意了，旋即派吕范过江找刘备说媒。

吕范过江说明来意之后，刘备便找诸葛亮商议，并说出了自己的担忧，恐怕这是一个瓮中捉鳖之计，诸葛亮却爽朗地笑道："主公且放心去，我们可以将计就计，保证让主公赚了孙权的妹妹做夫人，又可以使荆州万无一失。"于是，诸葛亮命赵云带五百士兵准备护卫主公过江。

临行前，诸葛亮悄悄交给赵云三个锦囊，叫他到了南徐依次打开，按囊中妙计行事即可。过江之后，赵云便打开了第一个锦囊，并按照妙计所说，安排五百个士兵披红挂彩，分别到南徐城购买聘礼，逢人便说刘皇叔入赘东吴，与吴侯妹妹成亲的消息，弄得满城家喻户晓。接着，赵云又请刘备立即拜见孙权与周瑜二人的岳父乔国老，告诉他自己前来娶亲的事。乔国老听说这件事后，自然去拜见吴国太贺喜。谁知吴国太一点也不知道这件事，听乔国老说后才大吃一惊，又派人去城中打听，才知道真有此事。吴国太只有这一个女儿，如今女儿要成亲了，自己居然不知道，立时勃然大怒，叫了来孙权责问。孙权只好如实禀报，说是周瑜的计谋，并非真要嫁妹妹。没想到，这更让老太太生气了，对着周瑜破口大骂："你周瑜做了六郡八十一州的大都督，自己无能去取回荆州，却拿我的女儿当诱饵。你杀了刘备，不是让我女儿不出门就守寡了吗？现在满城风雨，人人都已知道这件事，你让我女儿今后怎么说亲。你们到底是安得什么心？"

乔国老一听也指责周瑜，即使靠这样的计谋夺回荆州也着实不光彩，让天下人耻笑。可是事到如今，还能挽回吗？满城的人都知道刘皇叔入赘东吴，做了东吴的女婿了。吴国太跟乔国老一商量，认为只能将错就错，假戏真做，把刘备招为女婿算了。

孙权、周瑜二人是有苦说不出，只能听二位的安排。国太见过刘备后十分满意，亲手操办了婚礼，日后又对刘备爱护有加。虽然木已成舟，孙权、周瑜依然不甘心，每日送给刘备大笔金银财宝，供其吃喝玩乐，欲丧其志气，沉迷享乐。刘备于是按照诸葛亮的指示将计就计，以迷惑孙权、周瑜。等待时机成熟，刘备竟向夫人坦白，将孙权嫁妹是假，夺取荆州是真，以及他必须要返回荆州的事一一述说。此时，已经跟刘备产生感情的孙小妹自然支持夫君，再加上诸葛亮的两条锦囊妙计，刘备果然带着孙夫人安全返回了荆州。

当周瑜亲自率军追赶时，中了诸葛亮设下的埋伏圈。周瑜这下不但让刘备带跑了孙小妹，还折了不少兵，真是"周郎妙计安天下，赔了夫人又折兵"。

周瑜向刘备施了一个"美人计"，而诸葛亮则将计就计，反施了一招"顺手牵羊"，牵走了孙小妹这只"羊"，还保得了荆州，真是妙计。诸葛亮的胜利并不是偶然，他在一开始就认识到这样一个事实，即保荆州是主要目标，但并不是唯一目标。孙权一开始提出嫁妹自然是个幌子，但它实际上并不跟保荆州这个目的相违背，相反，如果能娶了孙小妹做了吴侯的女婿，那么继续占领荆州反而更加名正言顺。正因为如此，诸葛亮虽然意识到这是一个圈套，但还是鼓励刘备往圈套里钻，以达到他“顺手牵羊”的目的。

在这个过程中，一定要注意的就是“牵羊”的过程不能跟主要目标相矛盾。比如，孙小妹如果非但不愿意跟刘备回荆州，反而劝刘备放弃荆州，安心留在南徐，或者伙同哥哥孙权一起骗取荆州，那么孙小妹这只“羊”就不如不牵。时机对了，目标明确了，牵“羊”只有好处没有坏处，那么才要去牵。否则牵来的有可能不是羊，而是披着羊皮的狼。因此，实施本计的前提是，牵“羊”是否有隙可乘，是否必胜，还要从全局进行考虑，切不可捡了芝麻丢了西瓜，因小失大。

除此之外，“顺手牵羊”还告诉我们另外一个道理，机遇总是光顾有准备的头脑，只有胸中有“羊”的才能适时发现“顺手”之机，并能迅速“牵”之。你首先应该是个善待时机，时刻准备着迎接每一个与自己擦肩而过的机会的人；其次，你更应该是个创造机会、利用一切机会的人。作为一种计谋，顺手牵羊常常不是等“羊”自动找上门来，而是着意寻找敌方的空子，或诱使敌方出现漏洞并进一步利用漏洞，从而使自己牵羊时很“顺手”。比如，楚王外出狩猎，顺手牵了息妫这只美丽的“羊”回家，牵羊是真，顺手恐怕只是表面的手法；司马懿千里急行军，就为了赶在孟达工事未牢固时到达，从而才顺利平息了叛乱，斩了孟达。表面上看这是抓住了机会，打了孟达的空子，但这个空子是他辛苦得来的，并不是恰巧赶上的。

其实，不论是在战场上还是商场上，抑或是人际关系上，机遇都是非常重要的，对方的疏漏往往是我方的机会。在现代经商赚钱的经营活动中，“顺手牵羊”之计常常被采用。某公司代表团赴日本订购一批机器，一家厂商竟然开出的价格为每台机器 350 美元，这个价格达到了国际市场的价格，对于他们来说太贵了，于是代表团提出能否优惠一点。日方厂商思考了片刻，最后给出 345 美元的最低价。这个价格对于这家公司来说仍然偏高，便提出 340 美元的成交价。日方不同意，双方一时间争执不下，陷入了谈判僵局。最后，日方经过反复磋商，决定做出让步，同意 340 美元的价格，不过谈判并没有就此结束。本来，这家公司说的是订购 1000 台，这时他们提出如果再多订 500 台，在价格上是否可以再让一步，以 335 美元的价格成交。这下又经过了几次谈判，当价格终于敲定时，这家公司又发现一个问题，即日方一直希望是用日元成交。于是他们就这一点再次提出异议，希望用美元成交，如果对方坚持用日元的话，那他们只能按当时的汇率把 335 美元折算成日元。当时美元有下跌的趋势，对此日方表示理解，也同意了这个决定。

不过，谈判依然没有结束，这家公司又提出希望能把原来的条款做一些改动，由自己负责租船和办理投保业务，运输、保险费另行计算。谈判已经进行到这个地步，日方也只好答应，并没有表示异议。最后，这家公司表示希望日方把原来的即期信用证改为见票后 120 天付款的远期信用证。日本厂商到这时已经忍无可忍了，于是表示这个问题已经再没有商量的余地了。但这家公司仍然没有放弃。日方见对方态度诚恳，又十分想拿下这笔大订单，于是再次做出一些让步，同意改为见票后 60 天付款的远期信用证。

到此，谈判才算最终结束。现在，我们来算一算，这家公司跟日本厂商所定的价格表面上是 335 美元，而事实上，他们一而再再而三地从运输、保险、货币结算、支付方式等方面下手，使得实际上的价格不足 330 美元。这家公司的成功之处就在于，他们十分善于利用“顺手牵羊”之计，先不谈任何其他条件，只针对价格来一再商定，当他们要到实际想要的最低价格时，再利用被日方忽略的包括“运输、保险、结算货币、支付方式”等其他方面的漏洞顺手牵羊，最终将商品价格压到了最低，为自己节省了进口成本。

第三套　攻战计

第十三计　打草惊蛇

原典

疑以叩[1]实，察而后动。复[2]者，阴之媒[3]也。

敌力不露，阴谋深沉，未可轻进，应遍探其锋。兵书云："军旁有险阻、潢井[4]、葭苇、山林、翳荟⑤者，必谨复索之，此伏奸[6]所藏处也。"

注释

①疑、叩：疑，疑问，可疑之处。叩，弄清，查探。

②复：反复侦察。

③阴之媒：发现真正意图的好办法。

④潢井：积水池。

⑤翳荟：草木繁茂之意。荟，指草非常多。

⑥奸：这里指敌人。

译文

发现敌人形迹可疑之时，就要想尽办法弄清真相，然后付诸行动。反复研究敌人的行为，是发现敌人真正意图的最佳方法。

敌方不肯轻易展示自己的实力，那就说明敌方心里深藏着阴谋。在这种情况下万万不可轻敌冒进，应该全面探明敌方的主力在哪里。兵法书中说："行军路过重险关隘、湖沼、水网、芦苇、灌木茂盛的地方，必须谨慎地反复先行搜索。因为这些地方是敌人极有可能设下埋伏的地方。"

解析

捕蛇者以捕蛇为生，深知蛇喜欢隐藏在草丛深处，为了探寻它们的位置，捕蛇者会准备一个长杆，边走边击打草丛，蛇一旦受了惊，便从草丛中露出身形来，这时捕蛇者借机捕捉。在军事上，打草惊蛇实质上是一种侦察的谋略，从其本意上来说是一种以"草"试探是否有"蛇"的审慎之举，并不一定带有任何侵略性的动机。但你要知道，打"草"会面临两种结果，一是惊出蛇，引蛇出洞，从而加以捕杀；二是惊跑蛇，蛇因为你打草的行为而受惊，反而悄悄躲藏到更深远的地方，让你找不到它的踪迹。

一般来说，打草是要惊出蛇，是要确定对方的意图，找准对方的弱点，从而引蛇出洞，加以消灭。

在二战史上，众所周知的中途岛之战是一起以少胜多的著名战役，美国因为它的胜利，加速了法西斯一方的溃败。当时是 1942 年 5 月下旬，日军秘密派出大中型航空母舰 8 艘、战舰 200 多艘、战机 700 多架，直冲美国海军基地而来，企图一举摧毁美国整个太平洋军事力量。

美国太平洋舰队司令尼米兹上将在接到国防部的敌情通报后，着实吃了一惊。日本几乎出动了全部的海军主力，而美军在这么短的时间里最多只能动用 3 艘航空母舰、70 多艘战舰和 200 多架战斗机。敌我力量悬殊。日军为了防止机密泄露，只用一个大写字母“S”来代表主攻目标。那么，在这个“S”形上，它究竟要主攻哪个岛屿呢？美国谍报部门绞尽脑汁也没能猜出日军的真正意图。本来战舰就少，不可能将所有战舰都分布开来，所以只能确定日军的主攻点，这样才能把可以动用的军事力量分布在对自己有利的海域中。

尼米兹看着这条优美的蛇形线，却拿不出备战方案，急得嘴唇都起了泡。勤务兵见状连忙给尼米兹倒了一杯水，尼米兹心急如焚，哪有心思喝水，看也不看一眼就挥了挥手示意勤务兵离开，不料却将满满一杯水打翻，水花溅了自己一身。

尼米兹突然愣住了，而后大叫一声跳了起来，立刻将作战参谋叫了进来，命令他立即用掌握的日军密码给中途岛发电报，就说总部已经得知你部淡水设施损毁之事。运送淡水的补给船今晚启程，不日将到达，希望做好接应准备。

接下来，尼米兹每天命令士兵严密观察日军舰的动向。到了第四天早上，美军侦察机发现日军舰队里多了三艘淡水补给船。尼米兹大笑，对直到这时还不明就里的参谋长说："日军上当了。中途岛的淡水设施明明没有损害，可他却信了我们'送'给他的情报，增加了淡水补给船。日军这条狡猾的'S'蛇之谜解开了，他们这是冲着中途岛来的。"于是，美军将所有能动用的海军力量部署在中途岛，等待日军的来袭。

6月4号，日军航空母舰上的战机全部出动，对中途岛进行了地毯式的轰炸。等到日机投弹完毕，回到航空母舰加油、挂弹的空隙，美军轰炸机瞅准时机直扑过去，投下一颗颗重磅炸弹，日军竟只有等着挨炸的份。仅仅几十分钟，日军就有四艘航母被击沉，两艘受到重创，战机损失总计过半。这次战役可以说让不可一世的日本海军走向了灭亡之旅，日本开始走上了下坡路。

尼米兹上将在这场战争中，正是使了一出"打草惊蛇"之计，利用淡水设施来对敌人进行试探。此时，这封电报就成了尼米兹打草用的竹竿或投往前方的石子。接下来就看敌人如何动作，如果敌人收到了情报而不对中途岛的淡水做任何应急准备，那么就说明敌人的攻击点不在中途岛。所幸敌人竟真的增加了三艘淡水补给船，这说明他们正是冲着中途岛去的。

在施计的过程中，我们应该注意以下两点：

其一，要有敏锐的嗅觉，感觉到潜藏的危险。尼米兹嗅觉是灵敏的，他已经估计到敌方很可能选择的攻击点就是中途岛，所以拿中途岛的淡水设施来做诱饵。

其二，"打草惊蛇"要注意分寸和节奏，用什么去打草，做到何种地步才能既惊出蛇又不暴露自己，这需要施计人有掌控大局的能力。一开始打蛇一定要轻轻打，否则，毒蛇受惊必然伤人。尼米兹之所以用淡水设施来做诱饵，就是因为这个情报无关紧要，却又必不可少，不会惊动敌人的警觉性，又可探出了真实情报。

唐顺宗时，二十出头的仇士良奉命到东宫侍奉太子李纯。后来李纯继位，仇士良就做了内给事。人往往就是这样，官一高，说话口气也就大了，做事也有了派头。一次，仇士良与御史元稹夜宿敷水驿，两人争着住上等房而动起了拳脚，最后元稹被仇士良打伤。事情传到了宪宗那里，宪宗偏袒贴身宦官，便革了元稹的职，这才平息了这场风波。

为了讨好宪宗，仇士良经常一入秋就带着一帮小宦官去京畿地区捕鸟，以供宪宗玩乐。没想到这倒成了这帮宦官为所欲为的借口，他们走到哪里，哪里的官吏就得好好招待。他们也丝毫不客气，见什么东西好顺手就拿走，谁也不敢说半个“不”字。这还不算，他们有时还将捕鸟的网张在百姓家门口或井口上，一张就是数日，不许百姓进出家门或打水。走在路上，他们不管是见了达官贵人还是普通百姓，只要看上了他们所骑的马，就把人从马上拉下来，牵着马就走；如果不给，就是一顿毒打。

宦官的行为愈演愈烈，唐宪宗、唐穆宗、唐敬宗接二连三被宦官害死。最后，唐文宗在宦官王守澄的拥立下即位。文宗虽然感激宦官对自己的拥立，但他也深知自己随时可以被宦官害死，况且他们的专横跋扈已经到了忍无可忍的地步。必须要除掉这隐痛，于是唐文宗把消灭宦官的意图传达给李训、郑注等人，他们也积极准备。

为了引起宦官的内斗，文宗还提拔仇士良为左神策军中尉，这样一来分散了王守澄的权力。太和九年，李训、郑注毒死了王守澄。大太监被清除，剩下的就是要将宦官一网打尽，于是二人又谋划了一个“甘露”之计。

到了那天，文宗召百官进紫宸殿。这时，李训便暗中指使金吾卫将军上殿前报告，只见这位将军神情慌张地说，金吾卫馆舍后面的石榴树上也降甘露。李训则装出一副惊喜的样子，上前跪拜道：“陛下，这是祥瑞之相，何不前去观看?”文宗当然知道内情，于是先派宰相李训去一探究竟。李训去了好久才回来报告说，那不是真的甘露，并暗示文宗派宦官仇士良去查验。仇士良便带着一众宦官去了，谁知到那之后，金吾卫的将军由于过分紧张，脸色煞白，额头还冒着豆大的汗珠。狡猾的仇士良见状便觉得其中有诈，正巧一阵风吹开帷幕，里面藏着的手持武器的武士现了形。仇士良反应极快，立刻掉头就跑，当守门反应过来时，他已经跑出了金吾卫，挟持文宗回了宫。这时才赶来的罗立言将军率兵同宦官展开厮杀，打死了十几名宦官。

仇士良将文宗控制起来，接着派左神策副使刘泰伦、右神策副使魏仲卿各率领 500 名禁兵，大肆搜寻李训、郑注同党，他们逢人便杀，无辜者有 1000 多人遭到杀害。最后，有十几位宰相、大臣全家被杀。这件事之后，军政大权全部操纵在仇士良等宦官手中，宰相和皇帝都成了摆设。李训、郑注等人本来计划完美，结果败在了一个“打草惊蛇”上。

在“打草惊蛇”中，“蛇”依靠“草”进行隐蔽，“草”是“蛇”的保护伞。一旦有敌情，“草”就及时向“蛇”传递讯息。因此，“草”是暴露“蛇”的罪魁祸首，也可以成为“蛇”的救星。如果“蛇”足够狡猾，像仇士良一样，那么就能很好地靠着“草”所传递的讯息，及时溜之大吉。

因此，在使用“打草惊蛇”之计时，在敌方兵力没有暴露，形迹诡秘、意向不明时，切忌不可轻敌冒进，否则隐藏在草丛深处的毒蛇就会伤及无辜，一旦它得以逃跑，就要小心它日后会反咬你一口。所以，在实施“打草惊蛇”的谋略时，我们应该将虚张声势和谨慎防范有机结合，适时“打草”，快速出击，给敌人一个措手不及。

第十四计　借尸还魂

原典

有用者，不可借[1]；不能用者，求借[2]。借不能用者而用之，匪我求童蒙[3]，童蒙求我。

换代之际[4]，纷立亡国之后者，固借尸还魂之意也。凡一切寄兵权于人，而代其攻守者，皆此用也。

注释

①有用者，不可借：有用的东西，因无法控制而不能利用。

②不能用者，求借：没有用的东西，有时却可以利用它。

③童蒙：本意指无知的儿童，这里指受制于别人之人。

④换代之际：改朝换代的时候。换代，改朝换代，王朝交替。

译文

有用的东西，却因为控制不了而无法利用；没有用的东西，因为可以控制而去利用。利用不能用的东西并趁机把它掌握在手中，这不是我受制于他人，而是他人受制于我。

每当王朝更替的时候，英雄人物往往纷纷拥立亡国之君的后裔，正是借尸还魂的意图。凡是把兵权寄托于某人名下代替他指挥，进行攻防的，都是运用“借尸还魂”之计的实例。

解析

人一旦失败后，会出现两种心态：一种是一蹶不振，自暴自弃，破罐子破摔；另外一种就是寻找机会，重整旗鼓。借尸还魂便属于后者。

当年陈胜在秦二世的暴政统治下遭遇不幸，突然天降大雨耽误了他的行程，按照秦朝法律，凡是不能按时到达指定地点的戍卒一律处斩。一般人遇到这种情况，大多只能自认倒霉，有些胆大的或许会试图逃跑，但只有陈胜反而借此机会扛起了起义大旗。按照陈胜的话，既然左也是一死，右也是一死，倒不如拼死一搏，倒可能拼出一条活路呢！于是，陈胜和吴广便用这番理论去说服同去的戍卒，就这样便扛起了起义的大旗。

队伍已经有了，对于陈胜来说，还有一个地位的问题。2000 多年前，人们对于身份地位十分崇拜，讲究出师有名。陈胜纵然有“燕雀安知鸿鹄之志”的抱负，无奈他地位低下，根本没有号召力。陈胜便想到了当时最受人尊重的两个人物：一是秦始皇的大儿子扶苏，他温良贤明，当时已经被阴险狠毒的秦二世暗中杀害，但老百姓们对此毫不知情，还期待着这位神秘的扶苏王子有一天会突然出现救他们于水火之中；另一位是楚将项燕，他功勋卓著、爱护将士，在百姓面前威望极高，秦灭六国之后便不知所踪。陈胜想这两个人都有着很大的名声和威望，而这正是自己所缺的。再加上这两个人如今一个死了，老百姓却不知道，另一位不知去向，为什么不借助他们的名声来得到老百姓的拥护呢?

陈胜于是想出了一个绝妙的办法来借尸还魂。他利用人们的迷信心理，将一块用朱砂写着“陈胜王”三个字的丝帛塞进鱼腹中。后来，鱼被士兵打捞起来，并发现其中的秘密，于是这件事很快便传开了。吴广又趁夜深人静之时，在旷野中学狐狸叫，士兵们隐约听出其中的声响“大楚兴，陈胜王”。全营的士兵听了都又惊又怕，从此更加尊敬陈胜了。他们在背后对陈胜指指点点，认为他可不是一般人，一定是天意使然，让他来做大家的领袖的。

陈胜、吴广见时机已到，便故意跑去激怒喝醉了酒的营尉，对他们说，反正已经误了期，倒不如让大家散伙回去。那营尉一听大怒，拿起军棍便责打吴广，还拔出宝剑来威吓他。吴广夺过宝剑顺手砍倒了一个营尉。陈胜也上前，把另外一个营尉杀了。

接着，陈胜把士兵们召集起来号召大家说：“男子汉大丈夫不怕死，但也不能白白送死，死就要死个名堂。王侯将相，难道都是命中注定的吗?”于是大伙儿一齐高喊说：“对！对！”陈胜立即叫人搭了个台，上面竖起一个大旗，旗上写了一个斗大的“楚”字。大家拥立陈胜为王，国号“张楚”。就这样，陈胜借着“楚”的名义建立了历史上第一支农民起义军。

历数改朝换代的重大历史时刻，都不乏一些挟天子以令诸侯的人物，这些人为何将某个已经被推倒的王朝的君主后代奉为新君呢？其实就是“借尸还魂”，借用前朝的名声和威望。在军事上，凡是将兵权寄托在某人的名下，而以代理执命的掌管实际大权的人，亦是“借尸还魂”。

“借尸还魂”的完美演绎也有一定的难度。首先，你要找到一具合适的尸体。尸体的来头一定要够高大上，影响要广泛，现在起不起眼不要紧，只要它曾经辉煌过就可以拿来利用。其次，要跟这具尸体扯上关系，最好越亲密越好，而且一定要在表面上对它毕恭毕敬，仿佛它还拥有昔日的荣耀。最后，要让大众相信，这不是一具尸体，而是英雄，是神灵，是永远活在人们心中的力量。

兵法上讲，兵家要善于抓住一切机会，利用一切对自己有用的资源，继而转败为胜。“借尸还魂”重在一个“借”字，只要是对自己有用的，哪怕是一具腐尸，也不妨借来一用，没准就能起到化腐朽为神奇的作用。

菲利普公司被人广为熟知，但你不知道它在走上成功的路上亦是一波三折，生生死死了多次。1891 年，荷兰的赫拉得与安顿兄弟创立了一家电器公司，这就是菲利普。起初，它只是一家生产电灯泡的小厂，全厂的职工都是家族成员，经营相当困难。厂长赫拉得虽说是一位电气工程师，但他在管理方面却一窍不通，以至于菲利普总是打不开销路，连年亏损，很快就债台高筑。

到了 1895 年，菲利普就面临清盘倒闭的危机，赫拉得只好将公司委托给弟弟安顿经营。安顿是个善于思考的人，他亲自出马进行产品推销，而把工厂的生产和技术管理交给哥哥。这个决定是对的，擅长电气专业的哥哥把好了产品的质量关，而他则带着灯泡样品去推销。很快，他得到俄国刚开始普及电灯的消息，便带着灯泡样品赶往俄国，经过反复走访，终于在彼得堡接到了五万个灯泡的订单。

俄国市场从此被打开，安顿没有就此安心，而是将产品继续向欧洲国家推销，菲利普公司因此得到了很大的发展。1912 年，公司改名为菲利普电器公司，除了生产电灯泡，还开始生产其他电器、电讯设备。不过，很不幸，菲利普公司赶上了第一次世界大战，兄弟俩虽然努力支撑，但也只是让公司勉强生存下来。好不容易走过了艰难期，菲利普刚要重整旗鼓时，又迎来了第二次世界大战，并且战火烧到了荷兰。1940 年，菲利普的厂房设备在战火的摧残下所剩无几，刚接任董事长的布里兹·菲利普也被捕入狱。

战后，布利兹率领家人及员工重建菲利普家园。他大力吸收发达国家的资本和先进技术，还第一次根据产品分类建立了相应的生产部门，在董事会下成立了经理局，统一领导生产，研究新技术、新产品以及推销策略，一切井井有条。经过此番努力，到 20 世纪 50 年代，菲利普公司就已经成为荷兰三大超级企业之一了。从 20 世纪 70 年代起，菲利普公司再次得到升华，大量增加科研经费，发展高科技产品，以电子计算机、电视、录音机等新型产品更新了市场。菲利普公司正是这样，即便面临绝境，也从不放弃重生的希望，只要还有一口气在，它就能借助外力，死而复生。

从菲利普公司的事例中，我们可以看到，“借尸还魂”的精妙不在于这一计谋多么绝妙和高超，而在于施计人是否具备即使遭遇绝境也一定要活下去的决心和意念。“借尸”是虚，“还魂”才是实。子曰：哀莫大于心死，而身死次之。“借尸”可“还魂”，前提是有“魂”；如果有“尸”无“魂”，则有通天之术也无济于事。尸体可以借来，灵魂却只有一个，如果你没有一种不灭的信念来支撑这个灵魂，就算借来尸体也是白费心机。人无信念，灵魂就会被击垮，毁灭必是唯一的结果；若信念不死，绝望时寻找方法，借助外界力量，以坚强的毅力和不屈的信念拯救自己，就能获得重生。

另外，在当今社会，“借尸还魂”所强调的还有一个合作精神。每个人的强大，其实都离不开与他人的合作，正所谓“三人行必有我师焉”，你总能从对方那里获得新的知识和方法，得到你所需要的东西。同样，对方也需要从你那里得到他想要的，如此一来，你们才能建立长久的契约关系。在现代社会，单讲人情是维系不住任何感情的，你需要找到一种长期的媒介来维系，这个东西不是别的，就叫利益。所以，在你从他人那里“借尸还魂”时，也不要厌恶成为别人的“尸体”。别人把你当成还魂的“尸体”，说明你还有利用价值，那么这个关系就断不了，你也才能源源不断地从中汲取所需。

第十五计　调虎离山

原典

待天[①]以困之，用人[②]以诱之，往蹇[③]来返。

兵书曰："下政攻城[④]。"若攻坚，则自取败亡矣。敌既得地利，则不可以争其地。且敌有主而势大[⑤]。有主，则非利不来趋；势大，则非天人⑥合用，不能胜。

注释

①天：指客观条件、因素。

②人：指人为制造的假象。

③蹇：为艰难之意。

④下政攻城：攻城是下等的计策。下政，意为下策。

⑤敌有主而势大：敌人早有防备且占据优势。

⑥天人：指天时、地利、人和等条件。

译文

等不利于敌人的时机到来之时去把敌人困住，然后制造假象蒙骗敌人。我方主动攻击敌人若很艰难，那就想办法让敌人主动攻击我方。

《孙子兵法》中说：“最下策才是围城攻坚。”如果不顾条件地去攻击坚固的城池，是自取灭亡。敌人既然占据有利的地形条件，那么就不应该去强攻。况且是敌人早有准备处于优势地位，除非他认为有利可图，否则是不会轻易离开自己的有利阵地的；敌人处于优势，必须综合利用天时地利等条件，否则就无法取得胜利。

解析

虎豹是兽类中最威猛的，老虎更是山中之王，往往活跃于深山大泽之中。古人云：山高云深，必有猛虎出没。老虎越是神秘莫测，越是能让人闻风丧胆。因此要想捕捉老虎，就需要调虎离山，一旦老虎离开它所居住的深山幽谷，走近人类居住的地方，那么老虎就会变优势为劣势，人们便可以轻易地将它捕捉。

其实两军对垒也是一样。敌方的君王或最高统帅是最有势力的人，但越是有势力的人越是深居简出，人们就越惧怕他的权威。但如果能让君王或最高将领离开王宫或军营，跟普通人混在一起，人们就会轻视他。正所谓虎落平阳被犬欺，其威慑力大打折扣，就更容易被人所制服。所以，调虎离山之计在军事上是一种调动的谋略。如果敌方强我方弱，并且占据有利的地势，这时我方应把敌人引出坚固的据点，或者把敌人引入对我方有利的地区，进而消灭他。

东汉末年，董卓叛乱，挟天子以令诸侯，各路军阀并起，雄霸一方。当时孙坚在混战中早亡，孙坚的长子孙策年仅17，便继承父志，在江东地区不断扩大自己的势力范围。公元199年，孙策想要继续向北推进，夺取江北庐江郡。

庐江郡背靠长江，北临淮水，实在是易守难攻。当时占据庐江的军阀是刘勋，势力十分强大，而且野心勃勃。孙策判断，如果采取硬攻，那么自己取胜的机会很小，于是他便同众将商议，制定了一条调虎离山之计。原来刘勋十分贪财，孙策便专门攻击他的这一弱点，派人给刘勋送去一份厚礼，信中还将刘勋大肆吹捧了一番，最后表示因敬仰他的盛名而愿意与刘勋交好。同时，孙策在信中也以一个晚辈的身份表达了自己的弱势地位，希望能得到刘勋的救援。他这样说："上缭经常派兵侵扰我们，我们力弱，不能远征，请求将军发兵降服上缭，我们感激不尽。"刘勋见孙策这般讨好他，心里便得意扬扬、狂妄自大起来。又想上缭一带本就十分富庶，刘勋早就想夺取此地，只是一直顾忌孙策的势力，如今见孙策这般软弱无能，自然免去了后顾之忧，于是立刻决定发兵上缭。

刘勋的部将刘晔是个有远见的人，他极力劝阻刘勋攻打上缭，但此时刘勋早就被孙策的糖衣炮弹迷惑了，哪里还听得进劝。孙策则时刻监视着刘勋的一举一动，一见刘勋亲自率领几万兵马去攻上缭，便心中大喜：老虎已被我调出山了，此刻城中空虚，我们快去占据它的老窝吧！于是孙策立即率领人马，水陆并进，突袭庐江，城内果然十分空虚，他们几乎不费一兵一卒就顺利控制了庐江。而此时，刘勋如离了山的老虎，虽然一直带兵猛攻上缭却不能取胜。正欲回城之际，突然得报庐江郡已被孙策夺取，这才知道自己中了计，可是后悔已经来不及了，只得如丧家之犬一般投奔了曹操。此案例是典型的调虎离山之计。

施展调虎离山之计还可以采取其他方法，比如采取激将法，激怒敌人，使其丧失理智，冲出有利地势；或者在敌人内部制造混乱，为了自保敌人必然离开有利地势；或者斩断敌人的后方补给，使敌人不得不离开原地；还可以向敌人讲明形势，对其晓以利害，让其自动退让。总之，一定要分析敌人的特点，从而加以应对，毕竟我们的目的是要将敌人调离原地，从而促使敌我双方的优劣转换，进而达到消灭敌人的目的。

调虎离山之计可以很好地应用于商战之中。台湾武田制药公司因为研制出一种被称为“合利他命 F”的药而荣获世界专利。这种药不但信誉有保证，而且单位利润率高，一时间成为地下工厂的觊觎对象，很快，市场上就流出许多仿冒的合利他命 F，使武田公司不但在利润上大打折扣，而且假冒的产品还会严重影响公司声誉。

这该怎么办？不能因为这些仿冒品而毁了整个公司。去寻求法律援助？但当时台湾的法律保障体系还不是十分完善，商标法、专利法及有关农工商的保护法还没有修正，就算寻求法律援助，正牌厂商也很难得到合理的回报。对假冒的厂商提起刑事诉讼，要求民事赔偿，然后再登报道歉，以澄清本公司的名誉？然而对方都是一些地下工厂，你根本不知道对方的一切资料。

这该怎么办？经过多次讨论，武田公司终于想出了一个不错的计谋。不久，武田公司推出了一项彩券抽奖活动。这个抽奖活动看似是为了促进消费，实则是另有目的。此次抽奖设置了 1600 多个名额的高级奖品，这就招揽了很大一批参与者。参与的条件也十分简单，只要消费者购买一盒合利他命 F 便可以参加。参加方式就是将自己的姓名、住址以及所购买的药房的店名地址写在合利他命 F 的空盒上，并将其寄给武田制药公司即可。

一时间，武田制药收到的药盒如纷飞的雪片一般，而这些空盒都被武田制药所动员的专家们来鉴别真伪了。通过这一活动，他们不但掌握了消费者的基本资料，更将那些出售假药的药房、药店的信息悉数掌握。

随后，武田制药立刻给每一位购买到假药的消费者说明假药的害处，并教他们如何分辨假药。同时，公司通知治安机关予以追查那些贩卖假药的药店和药房，买到假药并得知真相的消费者也当面去药店予以指责。终于，市面上再没有销售假药的了。

“调虎离山”其实在商业竞争中不如说是“诱”虎离山，因为你不可能对消费者或者对方使用激将法或截断后路的做法。你只能抛出一个糖衣炮弹，让“老虎”觉得有利可图，这样才能让它乖乖“离山”，从而达到自己的目的。比如武田制药抛出来的糖衣炮弹就是抽大奖活动，这个糖衣炮弹不但对于消费者来说是一个诱惑，对于鱼目混珠的假药厂商来说也是一个糖衣炮弹。因为借着这项促销活动，这些假药厂商也一定会私底下加紧生产，以便借机销售出更多的假药。没想到，这正中了武田制药的调虎离山之计，让这些假药厂商自动送上门来，解决了他们缺乏假冒药厂商的资料问题。

不论是战场上还是商场上，“调虎离山”都是人们常用的计谋，并以此达到战胜对手的目的。因此，我们在实施此计时，也应该格外注意，不要轻易陷入他人“调虎离山”的圈套中。首先，我们要率先抢占有利地势，并稳坐泰山，不为任何利诱所动。如果我们不得已必须下山时，也一定要规划好归山之路，确保出得去，也进得来，另外也不能让敌人趁你不在山的时候偷袭你的大本营。最后还需要注意的是，我们有一个有利地形是不错，但也不能过分依赖这一条件。在占据这一有利条件时，还要不忘开拓其他有利条件。这样，我们即使有一天不得不到了舍弃大本营的地步，也确保有后路可退。

第十六计　欲擒故纵

原典

逼则反兵，走[①]则减势。紧随勿迫，累其气力，消其斗志，散而后擒，兵不血刃[②]。需，有孚，光[③]。

所谓纵者，非放之也，随之，而稍松之耳。“穷寇勿追”，亦即此意。盖不追者，非不随也，不迫之[④]而已。武侯[⑤]之七纵七擒，即纵而蹑之[⑥]，故展转推进，至于不毛之地。武侯之七纵，其意在拓地，在借孟获以服诸蛮，非兵法也[⑦]。若论战，则擒者不可复纵。

注释

①走：放走。

②兵不血刃：不用流血就能获胜。

③光：光明之意。

④不迫之：不把对方逼上绝路。

⑤武侯：指诸葛亮。

⑥蹑之：悄悄地跟踪孟获。蹑，悄悄地。之，指孟获。

⑦“武侯之七纵”句：诸葛亮七放孟获是为了拓展领地，借此举让各路蛮夷服从自己，但这不是正统的兵法。七纵，指七次擒住孟获之又七次放走他。

译文

把敌人逼上绝路，他就会拼死抵抗；若留一线生机给敌人，反而能让他丧失斗志。所以追击敌人要紧紧跟随但不逼迫，要想办法使他疲惫，削弱其斗志，等敌人溃不成军之时再去捕捉，这样不用流血就能取胜。耐心等待，心有诚意，就能成功。

所谓“纵”并不是对敌人放任自流不管不顾，而是在紧紧跟随中施展，要稍稍有些松动。古人说：“对于陷入绝境的敌人，不要往死路上去逼迫。”就是这个意思。所谓不逼迫，不是不尾随，只是不能做绝罢了。三国时期，诸葛亮用七擒七纵之计，就是抓住孟获之后又把他放掉，然后又悄悄地跟着他，几经辗转，把孟获等人逼至偏远之地。诸葛亮七次放走孟获的目的是拓展疆域，他是在利用孟获让各路蛮夷顺从蜀国，这种做法并不属于兵法。因为若按战争来讲，擒住敌人之后绝对不可以放掉。

解析

对于敌人，我们最终是要战胜他、消灭他的，至于什么时候战胜他，什么时候消灭他，是要讲究策略的。有的敌人，即使一时打败了他，他心有不服，仍然会找机会东山再起，打你个措手不及。所以，战胜他就要让他心服口服，正所谓“攻心为上”，能不动一兵一卒，不流一滴汗血，就能让对方诚心诚意地降服于你岂不是更好？正因为如此，才有了“欲擒故纵”一说。

为了能从根本上征服敌人，有时候欲擒故纵反而是上上策。当然，这里的“纵”不是对敌人放任不管，任其作乱妄为，而只是暂时放松一下，给他一定的自由，以免对方因无路可走而选择极端的方式。放松的同时，也要紧紧地跟随，以防敌人趁机溜之大吉。

诸葛亮当年为平南人叛乱，便使用了“攻心为上，攻城为下，心战为上，兵战为下”的策略，将当地酋长孟获七次擒拿，七次释放。最终，孟获及其他土著首领终于对诸葛亮彻底信服了，再不肯离去。孟获对诸葛亮说：“您代表着天上的神威，南中人不会再反叛了。”于是带领蜀汉大军到滇池，与诸葛亮盟誓，自此蜀军平定南中，孟获后来还升为御史中丞。此后，南中再没有发生过大规模的叛乱。

对于诸葛亮来说，七擒七纵就是一种欲擒故纵的手段，其最终目的只有一个：就是彻底征服南蛮首领和百姓的“心”。事实证明，诸葛亮的计谋是高明的，这种征服不单单是军事上的胜利，更是政治上的胜利。

但凡高明的政治家都善于使用欲擒故纵的计谋。刘备从一无所有的卖履者到称霸一方的诸侯王，自然有他的能耐和原因，其中“欲擒故纵”这一招不知用过多少回。当年，曹操大军兵临徐州城下，徐州牧陶谦自知大难临头，急忙商讨对策，这时别驾从事糜竺建议他，恳请北海相孔融、青州刺史田楷前来相救。当时刘备正作客孔融处，于是孔融又请刘备同去救陶谦。刘备本来就无去处，自然对此十分乐意，便带领关羽、张飞、赵云和数千人马奔赴徐州。刘备率军在徐州城下与曹军交会，其麾下关、张、赵三人皆是世间南寻的好汉，一开始就将曹军打了个落花流水，使久被曹军围困的徐州暂时缓解了危机。

陶谦见刘备如此骁勇，急忙将其一干人迎入城内，盛宴款待。陶谦年老体衰，自知难敌刘备，席间便主动试探，提出将徐州让给刘备。刘备那时连个盘踞之地都没有，徐州又是个战略要地，因此刘备早就垂涎三尺了。然而，刘备却惶恐难安，连忙假意推辞，不肯接受。

陶谦见刘备如此仁义，对其更加信任。后来，刘备又写信给曹操，希望曹操以国家大义为重，撤走围困徐州之兵。恰好此时吕布攻破兖州，威胁到了曹操后方。曹操也无瑕再顾及徐州之事，便顺水推舟，卖了个人情给刘备，退兵而去。

陶谦见曹军撤走，徐州转危为安，心中大喜，立刻派人请刘备、孔融、田楷等人庆祝，席间再次提出要将徐州让给刘备管辖。刘备当着众人的面依然是苦苦推辞。

不料这年年底，陶谦便染上重病，眼看自己大限已到，思来想去还是刘备胜任徐州牧，于是躺在病榻上的陶谦再次请来刘备，劝他接受徐州牧一职。没想到刘备仍然辞让，陶谦心里一急，便以手指心而死。当然，刘备最后还是接受了徐州大权，担任徐州牧。其实，刘备想得到徐州的心谁都明白，但他却不能轻易接受，因为他越是推辞，陶谦等人就越是劝说。相反，如果他一开始就接受的话，那么在他背后指指点点，说他就是冲着徐州来的，这样的言论就会不胫而走。那么，到最后连煮熟的鸭子也能飞了。

刘备的再三推辞，反而给人留下正人君子的形象，收买了徐州上下民心，到最后名正言顺地接受了徐州，可谓是名利双收。这便是一招极其厉害的欲擒故纵。

欲擒故纵也并不是没有风险：其一是对方有可能重整旗鼓，反戈一击；其二是尾随不利，放虎归山。不管哪一种结果，都可能后患无穷。

那么什么条件下才能做到欲擒故纵呢？首先，要确保在给敌人以较大打击的背景下，对其进行放纵，不然就可能遭其反噬，而且也起不到感化对方的效果。其次，要做好尾随工作，最好在放纵之前在敌人身上拴上一条线，抓牢那条线，否则就有可能前功尽弃。把敌人当成风筝一样去放，风筝飞得再高再远，只要你手中握着那条线，它就永远跑不出你的手掌心。看刘备是怎么做的，虽然他拒绝出任徐州牧，可事实上他一直寄居在徐州。既然无心接任徐州牧，为何还赖在徐州不走？显然，刘备的目的仍是徐州，只是故意推脱，大施欲擒故纵之计。

在商战中，欲擒故纵还是一种放长线钓大鱼的计谋。你要想最终获胜，必然要胸有长策良谋，心有大智大勇。

19 世纪 60 年代，美国议会通过一条法案，即建设一条横贯美国东西的大陆铁路议案，并将此工程交由联合太平洋公司承建。

安祖·卡耐基听到这个消息后，立即奔走四方，希望获得铁路卧车的承建权。在奔走过程中，他发现自己的竞争对手竟然是销售网已遍布全美国的布鲁曼公司。卡耐基不是不自信自己能在这场竞争中胜出，而是看到两家公司将会为这场竞争付出惨痛的代价。但若是放弃竞争，承建权就等于拱手送人。那么，怎样才能既获得承建权，又不至于让自己在竞争中损失大笔利润呢?

卡耐基思索再三，想出了一个办法。这天，他故意在布鲁曼下榻的饭店开了一个房间。一次在楼梯上，卡耐基假装巧遇布鲁曼，并礼貌地问候道："您就是布鲁曼阁下吧? 我是安祖·卡耐基。"

"哦? 您就是卡耐基先生。"布鲁曼当然意识到眼前这位陌生人就是竞争对手。

接着卡耐基开门见山地谈到两家公司的竞争："布鲁曼先生，开诚布公地讲，我们完全没有必要进行这种无谓的竞争，这样对谁都没有好处。"

"是吗?"布鲁曼显然对此不以为然，不过卡耐基并没有放弃。他继续说道："我们之间不论谁通过竞争得到承建权，都比不上我们通过合作得到承建权的利润多。您应该比我更清楚这一点。"

"有一定道理。不过，我们应该采取怎样的合作方式呢?"布鲁曼显然动了心。

"联手成立一家新公司，然后以新公司出面提起承建投标。"

"那么新公司以什么名字命名好呢?"布鲁曼动了心，但却在名字的问题上稍露踟蹰。卡耐基知道，布鲁曼是个在乎名声比金钱更重要的人，所以他才不惜代价要获得承建权。因此，卡耐基早就打好了主意，要在名字上让他一让，这正是他欲擒故纵之计。于是，镇定地说："我看就叫布鲁曼豪华客车公司好了，您看行吗?”

“行!”布鲁曼当即喜上眉梢，这件事就这么定了。最终，这家由两个公司联手创建的布鲁曼豪华客车公司获得了大陆铁路卧车的承建权。对于卡耐基来说，他虽然放弃了扩大自己名声的机会，却“擒”到了很实惠的利润，而布鲁曼则得到了他想要的名，可谓是各有所得。

第十七计　抛砖引玉

原典

类[1]以诱之，击蒙[2]也。

诱敌之法甚多，最妙之法，不在疑似之间，而在类同[3]，以固其惑[4]。以旌旗金鼓[5]诱敌者，疑似也；以老弱粮草诱敌者，则类同也。

注释

①类：指相似的东西。

②蒙：指受蒙骗的敌人。

③类同：类似，大概一样的东西。

④以固其惑：稳定敌人的心使之不怀疑。

⑤旌旗金鼓：意思是摇起大旗，击鼓鸣金。

译文

用相似的计策诱骗敌人，使愚蠢的敌人中计。

诱敌的方法不计其数，最妙的方法，不是用那些可能引起人们怀疑的东西，而是利用令人相信的假东西，使敌人毫不怀疑。比如用摇动旌旗、击鼓鸣金这些事物，就属于令人生疑的一类；用老弱残兵和粮草给养这些事物，就属于相类似、不易引起人们怀疑的事物。

解析

抛出去的是砖，却引来一块美玉，世上真的有此等好事吗？有，但要靠策略。所以三十六计中的“抛砖引玉”实则是一种以小换大，以廉换优的诱骗术，用在战场上就成了一种形势上的优劣转化。

春秋战国时期，楚国发兵攻打小国绞国（今湖北郧县西北)。为求速战，大军行动迅速，很快楚军便兵临城下。绞国见楚军气势旺盛，而自己又毫无防备，就算出城迎战，也是凶多吉少，便决定坚守城池。好在绞城地势险要，易守难攻，在这种情形下，楚军多次全力进攻，也无法攻克。就这样，两军你攻我守相持了一个多月。对于楚国来说，他们本就长途跋涉，军粮装备运输极耗兵力，再这样僵持下去，对自己极为不利。

楚国大夫屈瑕率先认识到了这种局面，于是对敌我双方情况进行了详细地分析，认为绞城只可智取，不可再耗费力量硬攻。可是怎样智取呢？思考良久，他向楚王献上一条“以鱼饵钓大鱼”的计谋。他说：“攻城不下，不如利而诱之。”楚王听了觉得有道理，于是向他询问诱敌之法。屈瑕说：“绞城已被我军围困一月有余，城内必定缺粮少柴，这正好被我方利用。我们先派些士兵装扮成樵夫上山打柴，并将柴运回来，敌军一定会出城劫夺柴草。一开始几天，我们就让他们劫去一些，尝到一些小利之后，他们就会麻痹大意，试着派出大批士兵出城劫夺柴草。这时，我们便事先设伏兵断其后路，然后聚而歼之，再乘势夺城。”

楚王听了觉得是个好计策，只是担心绞国不会轻易上当，屈瑕则安慰道：“大王放心，绞国虽是个小国，却因为多日守城而变得骄狂轻躁，一轻躁就容易冲动少思考。这个时候，一旦他们碰到这样香甜的钓饵，肯定会贪婪地一口咬住，保证一点都不会犹豫。”于是楚王依计而行，命一些士兵装扮成樵夫上山打柴。

果然，绞侯听探子报告说有挑夫进山砍柴，只是问了问这些樵夫是否有楚军保护。探子则照实回答说，他们三三两两结伴而行，并没有兵士跟随。绞侯听了十分高兴，城中正缺柴草，于是马上布置了一小队人马，等着“樵夫”背柴出山，从而加以突袭，果然他们很顺利就抢到了柴草，并抓了30多个“樵夫”回来。就这样一连几天下来，果然收获不小。

绞侯见有利可图，派出城劫夺柴草的兵马越来越多，却不知道他们的一举一动其实都在楚军的视线内。楚王见敌人已经吞下钓饵，决定快速收杆，以便钓上大鱼。就在绞侯派兵劫掠柴草的第六天，“樵夫”们仿佛做好了撤退的准备，一见绞军又来劫掠，吓得没命地逃奔，绞国士兵则紧追不舍，不知不觉就被引入楚军的埋伏圈。一时间，伏兵四起，杀声震天，大批的绞国士兵被吓得魂飞魄散，哪里还有能力抵挡，只能慌忙败退，结果又遇伏兵断了归路，死伤无数。楚王则在另一边趁机攻城。城内派出了大批士兵，根本无力抵挡楚王的进攻，绞侯则是叫天天不应叫地地不灵，这才知道中了计，只得请降。

作为一种谋略，“抛砖引玉”绝对不似诗词歌赋中那般温文儒雅，而是一种以小利谋大利的诱骗术、谋取术。抛出去的可以是实在的好处，也可以只是一种假象，但引来的东西一定要比抛出去的有价值。

如此，我们可以得出一个结论，即想要以“砖”换“玉”有两种途径。一种是利用对方本身的愚钝，如果对方果真是个疯子或傻子，根本判断不出来孰轻孰重、孰贵孰贱，那么你便很容易达成目的。但我们碰到疯傻痴呆之人的几率太小了，所以另一种则必须得靠我们睿智的头脑和巧妙的方法来抛出吸引对方眼球的东西。对方爱贪小便宜，觉得有利可图，才会上钩。

我们还需要考虑另外一个问题，即抛出什么样质量的“砖”，才能引来上好的“玉”。前提就是你必须舍得抛出一块“砖”，这块“砖”是你手头上所拥有的较小利益。至于该抛出什么等级的，那就看你对对方的分析能力了。对方喜欢什么样的，就抛出什么样的，对方手里的“玉”价值连城，那么你抛出去的“砖”也不能太寒酸，否则小心赔了夫人又折兵。

在商场经营活动中，很多地方可以引用抛砖引玉之计。心理学上有一则“红袍效应”，说的是一位朋友偶然得到一件华丽的红色睡袍，心里十分喜欢，每天穿着在家里走来走去。过了几天，他突然发现自己的床单和被罩跟这华丽的红袍十分不搭，于是将一床的被褥全都换了。又过了几天，他发现家里的地毯太陈旧了，根本配不上自己的红袍，于是又换了一席崭新华丽的地毯。又过了几天，他发现家里和红袍不搭配的东西越来越多，于是将挂灯、家具等换了又换。最后终于猛然醒悟，自己因为这一件红袍竟花去了一大笔金钱。

商家就十分善于利用消费者的这种“红袍心理”，本来消费者只想买一块桌布，最后却连整套餐桌都买下了。这就是商家的一种“抛砖引玉”。美国康涅狄格州有一家汽车厂，生意一直不好，甚至面临倒闭。该厂的新任总裁经过认真分析后发现，工厂在生产制造方面完全没有问题，只是销售环节不够灵活。于是，总裁大胆推出了“买一赠一”的推销方式。

这种买一赠一可不是其他商家玩得那种买一件商品附赠一些小额商品的把戏，而是买一辆托罗纳多牌轿车，赠一辆南方牌轿车。原来，该汽车厂现在面临的状况是，由于积压了一批轿车未能及时脱手，工厂资金不能回笼，仓租利息负担极其沉重。总裁为了改善这种困顿局面，决定破釜沉舟，因为消费者对那种小恩小惠的推销手段已经有所免疫，如果不放出一条大鱼，消费者根本不会上钩。

该厂买一赠一的广告一经登出立刻轰动四方，于是人们互相转告。许多被广告吸引的人竟千里迢迢，穿越几个州来一看究竟，该厂的经销部一下子门庭若市。结果，一直以来被积压的轿车以 20000 美元一辆的价格被买走，而且厂家也兑现了广告中的承诺，免费赠送一台崭新的南方牌汽车。另外，厂家还为顾客考虑，如果买主不想要赠送的汽车，还可以获得 4000 美元的回扣。

短短时间内，积压的汽车被销售一空，虽然算下来每辆轿车少收入

5000 美元，但这要比几年来损失的利息和仓租以及保养费的费用要低得多。最重要的是，抛出去的这块“砖”，引来了真正的“玉”，这宝贵的“玉”就是大批的消费者。该厂所生产的汽车一下子走向了市场，而且声名鹊起，就连随赠的南方牌车也打开了销路。该厂一举两得，不但起死回生，生意还越做越红火。

在如今白热化的市场竞争中，要想在同行里站住脚，并且取得成功，就必须进行必要的投入。这种投入可以是直接对顾客有利的，也可以是间接的，但它一定要使顾客对你产生信任。所以，要想让顾客向你送“玉”，那么你得舍得抛出一块有价值的“砖”。

第十八计　擒贼擒王

原典

摧其坚[①]，夺其魁[②]，以解其体。龙战于野，其道穷[③]也。

攻胜，则利不胜取。取小遗大，卒之利，将之累，帅之害，功之亏也。全胜而不摧坚擒王，是纵虎归山也。擒王之法，不可徒辨旌旗[④]，而当察其阵中之首动。昔张巡与尹子奇[⑤]战，直冲敌营，至子奇麾下，营中大乱，斩贼将五十余人，杀士卒五千余人。巡欲射子奇而不识，剡蒿为矢[⑥]。中者喜，谓巡矢尽，走白子奇，乃得其状[⑦]。使霁云射之，中其左目，几获之，子奇乃收军退还。

注释

①坚：指敌军主力。

②魁：这里指主帅。

③道穷：穷途末路，无路可走。

④擒王之法，不可徒辨旌旗：抓住敌人主帅的方法，不能光看表

面。旌旗：原意为旗帜，这里的意思是不能光从旌旗的位置判断对方是否为主帅，旌旗即指表面现象。

⑤尹子奇：安禄山的属下。

⑥剡蒿为矢：把蒿杆削尖当成箭。剡，削尖的意思。篙，禾秆。矢，指箭。

⑦乃得其状：意思是于是看到了尹子奇。其状，指尹子其的样貌。

译文

击溃敌人的主要力量，然后擒住敌人的头领，这样就能瓦解整个敌军。就像离开海的龙在荒野中搏斗，就等于穷途末路一样。

已经取得进攻的胜利，就应乘胜追击，争取更大的胜利。如果满足于目前的小胜利，而放弃可以乘胜争取得更大的胜利，这只有利于减少士兵的伤亡，却使战将受累，统帅遭害，甚至前功尽弃。如果取得全胜，而不摧毁敌人的主力，擒住敌人的首领，就如同放虎归山，遗祸无穷。擒拿敌人头目的办法，不能只看表面，而要实际察看究竟是谁在阵地上指挥统领。从前，张巡与尹子奇对战之时，张巡直捣尹子奇的大营，一下杀到他的大旗之下，并趁尹子奇营中大乱之时，斩杀了对方50多个大将和5000多名士兵。张巡想射杀尹子奇，但却不认识他，于是把削尖的蒿杆当成箭射向敌方。被射中之人大喜，以为张巡已无箭可用，于是便向尹子奇禀报。张巡借机看到了尹子奇，然后让属下霁云射杀他。霁云一箭便射中了尹子奇的左眼，差点擒住他。尹子奇见大事不妙，只好退兵。

解析

“射人先射马，擒贼先擒王。”“王”指的是国家、军队等组织中的核心领导人物，是整个组织发挥力量的枢纽和心脏。我国传统象棋中也能看出，将帅的作用就是坐镇一方，运筹帷幄，所有的兵马炮相的活动目的均是用来保护己方将帅，攻打对方将帅的，一旦将帅被将，满盘皆输。可见，要消灭和瓦解一个组织，攻击的中心是其核心人物，一旦将核心人物击倒，组织就会陷入群龙无首的混乱地步，这时正是将其一网打尽的最佳时机。

民间也有“蛇打七寸”的说法。打蛇之理与擒王之计是相通的。将此计用在军事上，就是指要打垮敌人的主力，擒拿敌人的首领，使敌军陷于树倒猢狲散的混乱境地，以便彻底将其击溃。此计运用要求施计人不能满足于小的胜利，而要通观全局，扩大战果，以便获得全胜。一旦中间错过了时机，放走了主力和首领，就好比放虎归山，后患无穷。

唐朝玄宗末年，安禄山联合史思明发起叛乱。安禄山当时为三度节度使，所率士兵骁勇善战，连连大捷。战事一片大好，于是安禄山之子安庆绪派勇将尹子奇率十万劲旅进攻睢阳。睢阳的驻守是御史中丞张巡，张巡见敌军来势汹汹，自知难敌便决定据城固守。这一战略果然是正确的，尹子奇一连率兵全力攻城 20 多次，都被一一击退。尹子奇见士兵已经疲惫不堪，最终只得鸣金收兵。

虽然敌军一时攻不下睢阳，但睢阳不能总坚守不出，迟早会面临弹尽粮绝的一天。到那时，睢阳岂不是不攻自破了吗？张巡于是再三思量，立即想出了一招妙计。这天晚上，尹子奇退兵之后刚刚准备休息，忽然听见城头战鼓隆隆，喊声震天，以为唐军杀出城来，急忙整顿人马出营激战。不料，张巡只打雷不下雨，听着是战鼓隆隆，其实一直紧闭城门，根本没有出战。这天晚上，尹子奇的部队就这样来来回回被折腾了几次，直到快天明时分，将士们已经精疲力竭，连眼睛都睁不开了，倒在地上便呼呼大睡。

黎明前的黑暗寂静一片，被累坏的敌军悄无声息，忽听城中一声炮响，接着张巡率领士兵以迅雷不及掩耳之势冲杀到了敌军旗下，疲惫不堪的敌人这才接二连三地从睡梦中惊醒。张巡知道自己必须速战速决，最有效的办法就是杀死首领尹子奇，但此刻在混乱中，他根本判断不出来哪个是敌军首将。

张巡立刻心生一计，让士兵用削尖的秸秆做成箭，纷纷射向敌军。敌军正值混乱之际，不少人当下中箭，但这时发现自己中的竟是秸秆箭，心中转悲为喜，便认为张巡军中早已没有了箭。于是，这些士兵争先恐后地向尹子奇报告这个好消息。张巡时刻观察着敌人的动向，见中箭之人纷纷向一个人涌去，便知道那便是首领尹子奇。于是急忙命令神箭手，对着尹子奇放箭。尹子奇当即中箭，这下群龙无首，敌人在一片混乱中仓皇而逃。

任何事物都有其关键和要害部位，战争也不例外。在一场战争中，首领无疑是其整个组织的领导和凝聚力量。一旦抓住首领，剩下的力量将群龙无首、溃不成军。然而，擒贼擒王的道理虽然简单，但实施起来并不容易。首先你得知道“王”的行踪，从而想办法接近“王”，锁定目标。在擒王的同时，更重要的是消灭其主力。

擒贼擒王必须深入敌营，这显然是一个不入虎穴不得虎子的冒险举动，所以要很讲究战机，如果没有适合的战机，比如没有敌人的内乱、适当的气候、地利条件等，都不适宜伸手擒王。如果战机左等不来，右等不来，那就不要等了，去积极创造战机。例如，张巡就是以半夜突袭的假动作使敌人疲惫不堪、军内混乱，这就是他所创造出来的战机。

“擒贼擒王”告诉我们，找出问题的关键所在，紧紧抓住事物和事情发展的关键点，然后集中精力去解决掉这一主要问题，那么剩下的问题就将迎刃而解。

年轻的奥纳西斯 17 岁时便远离家乡希腊，到美洲寻找生计。他先是在阿根廷做了一名电焊工，由于奥纳西斯的勤劳和简朴，他很快有了一些积蓄。然后他辞去电话局的工作，去开创一番事业。

聪明的奥纳西斯很快发现，当地的烟叶价格不仅高于中东，而且质量还很好。他便通过希腊的家人从中东进口了一批烟叶到阿根廷。但问题随即来了，这么多的烟叶，他除非成批地卖给香烟制造商，但以他这样一个名不见经传的外国小伙子，又没有门路，谁会买他的账呢？

不过，奥纳西斯自有办法。他打听到一家著名的烟草公司，于是每天到那家公司董事长办公室门前守候。他绝不会主动上前拦截董事长郝根，而总是一脸愁容地望着他出出进进。一连好几天，郝根董事长总算注意到了这个面带愁容的年轻人，渐渐地对这个年轻人的行为感到诧异。

一连三个星期过去了，奥纳西斯依然坚持不懈地守在董事长办公室门外。这天，郝根董事长的心情很好，正巧又有空，便忍不住问那年轻人：“小伙子，为什么你每天都站在这里？是找我吗？是有什么事想跟我说吗?”

奥纳西斯则恭敬地回答：“我手里有一些优质的中东烟叶，想卖给贵公司。但我对贵公司一点也不了解，所以不知道怎么办好。我知道您是这家公司的董事长，也一直想找您，但又怕您忙，不好意思打扰，所以……”

“原来如此。那么，你到敝公司购货处去，那里是管收烟叶的。”郝根说完就想转身离去，但发现年轻人依然站在那一动不动。于是郝根又问道：“你怎么啦?”

奥纳西斯依然默默站着，望着郝根，充满了期待。

“我明白了。”郝根恍然大悟，小伙子在这等了三个星期，不就是在等自己一句话嘛！于是，他对奥纳西斯说：“年轻人，请进我的办公室等一等，我给购货处打个电话。”果然，不一会儿，购货处的人便赶到了董事长办公室。

奥纳西斯的烟叶当然十分顺利地卖给了这家烟草公司，因为董事长亲自介绍的业务不会不受重视。从此之后，奥纳西斯的烟叶源源不断地从中东运送到郝根香烟公司的仓库中。三年后，20出头的奥纳西斯用他经营烟叶的五万美元买下了第一艘海轮。多年后，这个默默无闻的年轻人竟成了赫赫有名的希腊船王，他就是亚里士多德·奥纳西斯。

奥纳西斯的成功就在于他实施了“擒贼擒王”一计。他知道，要想有长久的生意可做，那么他必须要找到香烟公司的最高领导人，也就是最为关键的决策人物才行。最终，郝根董事长被奥纳西斯打动的瞬间，也就成功被奥纳西斯“擒”住了。事情就是这么简单，很多时候，我们根本不用浪费时间在任何琐碎的事情上，只要抓住事物的关键所在，就可一招制胜。

第四套　混战计

第十九计 釜底抽薪

原典

不敌其力[1]，而消其势[2]，兑下乾上之象。

水沸者，力也，火之力也，阳中之阳[3]也，锐不可当；薪者，火之魄[4]也，即力之势也，阳中之阴也，近而无害。故力不可当而势犹可消。《尉缭子[5]》曰："气实则斗，气夺[6]则走。"而夺气之法，则在攻心。昔吴汉为大司马，有寇夜攻汉营，军中惊慌，汉坚卧不动。军中闻汉不动，有顷乃定。乃选精兵反击，大破之，此即不直当其力而扑消其势也。宋薛长儒为汉、湖、滑三州通判，驻汉州。州兵数百叛，开营门，谋杀知州、兵马监押[7]，烧营以为乱。有来告者，知州、监押皆不敢出。长儒挺身出营，谕之曰："汝辈皆有父母妻子，何故做此？叛者立于左，胁从者立于右。"于是不与谋者数百人立于右，独主谋十三人突门而出，散于诸村野，寻捕获。时谓非长儒，则一城涂炭矣！此即攻心夺气之用也。或曰："敌与敌对，捣强敌之虚以败其将成之功也[8]。

注释

①力：指主力，力量最强的部分。

②消其势：灭掉他的气势。

③阳中之阳：意思是强中之强。

④火之魄：火之威力的来源。魄，来源，源泉之意。

⑤尉缭子：魏国人，相传是鬼谷子的学生，非常优秀。

⑥气实，气夺：气实，士气高昂。气夺，士气低下。

⑦兵马监押：宋朝官职的名称，主管全州军事。

⑧“捣强敌之虚”句：打击敌人脆弱的地方，可以让即将胜利的敌人大败。

译文

与敌人交战时，不要攻其中坚力量，而是要想办法灭其气势。这是根据《周易》推出来的以柔克刚的道理。

水之所以能够沸腾，是火的功劳。火是强大力量中的最强部分，其锐势是不可抵挡的；柴薪，正是烈火强大威力的源泉，正是所谓强大力量产生的基础，它容易受攻击，而不会有害于人。所以，正面的锋芒不能抵挡的时候可以消灭产生这种力量的源泉。尉缭子说：“拥有力量的来源就可以与敌作战，失去依靠时就必须避战逃走了。”削弱敌人力量的来源的方法就是“攻心”。东汉时期的吴汉官居大司马之时，有贼寇趁着夜色突袭汉营，造成军中混乱，只有吴汉不为所动，依旧安睡。士兵们见吴汉如此镇定，也都安下心来。过了不久，吴汉调集精兵良将反击，大败敌军，此乃不直接与敌人硬碰硬，而采取灭敌人之势气的作战之法。宋朝的薛长儒曾担任汉、湖、滑三州通判，期间被派驻守汉州。汉州几百名兵将叛变，这些叛变之人打开营门，企图杀死知州和兵马监押，还把营帐烧毁以便作乱。有人把这种情况报告给了各位大人，知州和监押吓得不敢出去。这时，薛长儒挺身走出大营，对叛军们说："你们上有老下有小，为何如此呢？主谋叛的人站在左边，参与的人站到右边！"于是没有参与谋划的数百兵将都站在右边，唯独十三个主谋突围而出逃走了，他们分散开来，藏在村野之处，后来一一被捕获。这时大家都说，多亏了薛长儒，否则城内将生灵涂炭！此乃"攻心夺气"之兵法。有人说："双方作战之时，主要攻打敌人虚弱的地方，这对即将胜利的敌人将是致命的一击。

解析

要使锅中的水沸腾，那么就需要在锅底生火并加柴草。若想让沸腾的水止沸，一种办法是在沸腾的水中加进一些凉水，但不是长久之计，水一时是凉了，但很快又会再沸腾，而且你不可能一直续添凉水，因为锅里的水迟早有满溢而出的时候。所以，要想从根本上止沸，就要从水沸的源头下手。水靠火而沸，火要靠薪而生，抽去薪火才能从根本上止沸。

这个道理听起来简单却十分深刻，世间许多事物的初始与发展，都跟这抽薪止沸一样。就拿行兵打仗来说，正面攻击，就等于扬汤止沸，很可能劳而无功，就不如消除敌人的生存根源来得痛快，比如粮草。

在古代战争中，粮草都是部队生存之根本，也是部队战斗力的本源。我们也常常听到这样的话，“兵马未动，粮草先行”，可以说，粮草是一场战争中胜负的关键，谁掌控了对方的粮草，谁就掌控了生杀大权。

东汉末年，军阀混战，河北袁绍乘势崛起，成为各路军阀中势力最强大的一支。当时，曹操据守在官渡，兵力只有两万多人，首当其冲成为袁绍的攻击目标。公元 199 年，袁绍率领十万大军攻打许昌，与曹军隔河对峙。

袁绍仗着自己兵强马壮、人马众多，便先派出一部分兵力攻打白马。曹操表面上看起来无暇顾及白马，只好放弃，并命令主力开向延津渡口，摆开一副渡河的架势。袁绍见曹操动向，害怕后方受敌，迅速率主力西进，阻挡曹军渡河。结果曹操根本只是虚晃一枪，其目的是为了分散袁绍的注意力，然后突派精锐回袭白马，斩杀颜良，就这样，在跟袁绍的对峙中，曹操初战告捷。

在兵法中，两军相持不下是一大忌，因为时间一长，粮草供给就成了问题。袁绍财大气粗，见粮草不足便从河北调集了一万多车的粮草，屯集在大本营以北 40 里的乌巢。袁绍当时根本不把小小的曹操放在眼里，因此也没有刻意安排重兵在乌巢设防。这却为曹操提供了方便，曹操探听乌巢并无重兵防守，立刻做了一个决定，即夜袭乌巢，断了敌人的供给。可是要怎样才能瞒过袁绍十万大军的眼睛呢?

恰在这时，袁绍谋士许攸投奔曹操，建议曹操以袁军旗号率轻兵奇袭乌巢。曹操一听立即付诸实行，只留下曹洪、荀攸守营垒，而自己亲自率领步骑五千，打着袁军旗号，利用夜暗走小路偷袭乌巢。当曹操成功到达粮仓处后，立即围攻放火。袁绍这时才得知曹操袭击乌巢的消息，于是只派轻骑救援，主力则猛攻曹军大营。可他哪里知道曹营坚固，根本攻打不下。乌巢一战，曹操励士死战，大破袁军，杀了驻守将军淳于琼等，并将其粮草全数烧毁。还在前线浴血奋战的袁军得知乌巢被破，军心动摇，内部分裂，袁绍自己也没了主意。此时，曹操则发动全线进攻，曹军气势正盛，而袁军早已丧失战斗力，十万大军四散溃逃。袁绍仓皇带领八百骑退回河北。经此一战，曹军先后歼灭袁军七万余人。

官渡之战是历史上一次著名的以少胜多的战争，曹操成功的关键就在于他在恰当的时分烧了袁军粮草，相当于釜底抽薪，给了对方致命一击。如果曹操以两万兵力与袁绍十万大军始终正面交锋，那么曹操就是僵持多久也无法打败袁绍。曹操十分聪明，仅以少数人马烧了袁军粮草，断了袁军的根本，使得袁军军心大乱，这才有隙可乘，将其一网打尽。

古今中外，在战争中运用釜底抽薪之计来解围取胜的例子不计其数。使用这一计时，关键要把握好以下两点：其一，确认敌人的“釜底之薪”是什么。一般而言，凡是影响敌人后劲的力量，都可以成为“抽薪”的目标，例如粮草、弹药、援军、得力干将等等。其二，针对敌人的具体情况，我们应该灵活使用釜底抽薪之计，千万不可生搬硬套。

在政治斗争中，釜底抽薪更是一招制胜的绝妙好计。春秋时期，齐国与鲁国互为邻邦，而齐景公因为曾受过孔子的奚落而耿耿于怀。当时，齐国的贤相晏婴已死，齐景公又后继无人，而鲁国却因为重用孔子而日渐兴盛，齐景公为此深感忧虑和不安。

这天，齐景公召集齐国大夫，对他们说："鲁国重用孔丘，这对我们威胁太大了，一旦鲁国将来称霸，我们便是他第一个吞噬的对象。这该如何是好呢?"齐国大夫黎弥连忙给景公献计，说："饱暖思淫欲，贫穷起盗心。鲁国如今国安民富，又这么长时间没有战事危机，此时若献给鲁定公一批美女，那么他一定会倦怠国事。那时，孔子等人一定会看不惯鲁定公这种行为，从而出面干预，这样君臣之间矛盾丛生，那么最终会逼走孔子。到时候，陛下便可以高枕无忧了。"

齐景公听了，觉得此计甚妙，便派黎弥去挑选了 80 位美女，又教她们学习歌舞，传授妩媚仪态。果然，这批美女一到鲁国便立刻引起很大的轰动，就连鲁国宰相季斯也为美女们的千姿百态搞得神魂颠倒。鲁定公得到美女十分高兴，还将其中 30 位美女赏给了宰相季斯，此后君臣日夜沉湎于酒色之中，一概不理朝政。

当时，孔子的学生子路听说后十分愤怒，对老师孔子说："鲁国国君已陷入迷魂阵，多日不理朝政，已经无可救药，我们离开这里吧。"然而孔子对鲁定公还抱有幻想，说："先别急。国家郊祭的时候快到了，这是国家大事。如果到时候君王还没忘记的话，国家还有救。否则到时候再卷包袱也不迟!"

到了郊祭这天，鲁定公虽然去了，却只是走走过场，之后又匆匆回去同美女们享乐了。孔子大失所望，弟子们也忍无可忍，于是一同愤然离开鲁国，周游列国去了。从此，鲁国君臣荒淫，国力渐衰，一日不如一日了。由此，齐国用美女“抽薪”的计谋大获全胜。

在现实生活中，我们不但要会使用釜底抽薪之计，也应防范对方实施此计。首先，我们应该备足“柴草”，以便应对不测。为了防止被对方抽走釜底“之薪”，我们必须准备足够多的“柴草”，而且将这些“柴草”分别放在不同的地方，以保证釜底之“火”绵延不绝。

再者，我们应该明白确保我们锅下之火的源泉是什么？比如鲁定公，他就是因为不明白孔子对鲁国的重要性，才被抽了“釜底之薪”。只有清楚认识到“薪火”的重要性，才能对其严加看管，这样至少在对手动手之前能及时发现，并采取相应的措施。

最后一点，我们应该及时添柴，不要坐以待毙。即使被“抽薪”之后，我们也不能陷入手足无措的地步，要知道“亡羊补牢，为时未晚”。

第二十计　浑水摸鱼

原典

乘其阴乱[①]，利其弱而无主。随，以向晦入宴息[②]。

动荡之际，数力冲撞[③]，弱者依违无主，散蔽而不察，我随而取之。《六韬》曰："三军数惊，士卒不齐，相恐以敌强，相语以不利[④]，耳目相属，妖言[⑤]不止，众口相惑，不畏法令，不重其将，此弱征[⑥]也。"是鱼，混战之际，择此而取之。如刘备之得荆州、取西川，皆此计也。

注释

①阴乱：内部发生混乱。阴，指内部。

②向晦入宴息：晚上人就要就寝安歇。晦：指晚上。宴，意思是安稳。

③数力冲撞：各方势力相互打击。

④相语以不利：互相说着不利于自己士气的话。

⑤妖言：谣言，不真实的话。

⑥弱征：衰弱的征兆。征，征兆。

译文

趁敌人发生内乱，力量薄弱并且群龙无首之机，设法让他归降我方，如同随卦中说的一样：人到了晚上就要回房就寝。

在动荡不安的年代，会出现多方势力互相冲突角力的情况，弱者就会显得手足无措没有主见；敌人还未发觉这一情况的时候，我们就可以趁乱取利。《六韬·兵征》写道："全军多次受到惊吓，队伍混乱，士卒们十分惧怕遇见致命的强敌，交头接耳地说些泄气的话。谣言不断，互相欺骗，不服从军令，不尊重自己的主帅。这些都是战斗力衰弱的征兆啊！"这样的"鱼"，在混乱中，应该不失时机地捕捉它，例如刘备取得荆州，夺取西川，就是浑水摸鱼这一计谋的实战应用。

解析

伊索寓言中有这样一则故事，说的是一位渔夫靠在河里捕鱼为生，但他捕鱼的方法有些奇怪。他先拦河张网，然后用绳子拴上石块，再将石块一次次地抛向渔网投入水底，结果鱼儿们吓得到处乱游，好多都误打误撞地进了网里。这种做法对渔夫来说很有效，但却损害到了当地人的利益，因为渔夫把水搅浑了，使附近的人们经常打不到清水。对此，人们纷纷责怪渔夫，但渔夫却理直气壮："如果不把水搅浑，我就捕不到鱼，如果捕不到鱼，我就得饿死。"这条寓言传到中国后，便有了"浑水摸鱼"这个成语。

东汉末年，天下大乱。曹操雄踞北方，挟天子以令诸侯，当时可以与之相抗衡的便只有东吴。诸葛亮同刘备分析了天下形势，认为当时只能跟东吴联合以抵抗曹操。于是，这便有了赤壁之战，刘备、孙权联合大败曹军。当时刘备还没有一块自己的根据地，因此曹操主要的设防对象还是气焰正盛的孙权。为了防止孙权北进，曹操派大将曹仁驻守南郡，然后便退回了北方。

曹操大军走后，孙权、刘备都打定了南郡的主意。周瑜因赤壁一战大捷，气势如虹，立刻下令进兵南郡。刘备也把部队调到了油江口驻扎，时刻盯着南郡这块肥肉。周瑜对刘备的野心心知肚明，但他怎么肯轻易放弃南郡这块肥肉。刘备为了稳住周瑜，便派人到周瑜营中祝贺，对南郡一事只字未提。第二天，周瑜为了一探究竟，亲自到刘备营中回谢。酒席中，周瑜单刀直入问刘备驻扎油江口是不是意在南郡。刘备毫不示弱地回答："我只是听说都督要来攻打南郡，特来相助。如果都督不取，那我就去占领。"周瑜大笑说："南郡指日可待，我为何不取?"刘备说："都督万万不可大意轻敌，那曹仁勇不可当，能不能攻下南郡还是两说。"周瑜一向骄傲自负，听刘备这样灭自己士气很不高兴，便脱口而出："我若攻不下南郡，就听任豫州（刘备）去取。"刘备等得就是这句话，便立刻说："都督说得好，如今子敬（鲁肃）、孔明（诸葛亮）都在此作证。我先让你去取南郡，如果取不下，我就去取。都督到时可不能反悔啊!"周瑜一笑，显然没有把刘备的话放在心上。

果然，周瑜很快发兵，首先拿下了彝陵，然后乘胜攻打南郡，不料却中了曹仁的诱敌之计，还中了毒箭，不得不返回。曹仁见周瑜中了毒箭，故意每日派人到周瑜帐前叫战，想看看周瑜到底伤得如何，但周瑜只是坚守不出。这天，曹仁亲自率大军前来挑战，终于叫得周瑜迎战。开战不多时，却见周瑜大叫一声，口吐一口鲜血，便坠落马下，然后被众将立即救回营地，紧接着就传出周瑜箭伤复发而死的消息。又听营中奏起了哀乐，士兵们都戴上了孝，曹仁见周瑜已死，大喜过望，决定趁周瑜刚死，东吴营中大乱之际前去劫营，割下周瑜的首级，好到曹操那里领赏。

这天晚上，曹仁果然亲率大军去劫营，城中则只留下少数士兵把守。不料，当曹仁冲进周瑜大营时才发现营中空无一人。曹仁心中大惊，自知已经中计，但撤退已经来不及。只听一声炮响，周瑜率兵从四面八方杀出，犹如天降神兵。曹仁好不容易杀出一条血路，退回南郡，但路上早已布满了东吴伏兵，最后只能放弃南郡，向北逃去。

周瑜大胜曹仁后，立即率兵直奔南郡。然而，等周瑜赶到南郡城下时，却发现城头旌旗摇曳，定睛一看，上面写得竟是“赵”和“刘”字。原来赵云已奉诸葛亮之命，乘周瑜、曹仁激战之时，轻易拿下了南郡。不但如此，诸葛亮还利用在南郡搜得的兵符，又连夜派人冒充曹仁救援，轻易地诈取了荆州、襄阳。周瑜这下才知道中了诸葛亮“浑水摸鱼”之计，而自己忙活了半天全都便宜了刘备，当场气得昏了过去。刘备从此之后，以荆州、南郡割据一方，从此同孙权、曹操形成了三国鼎立的局面。

在动荡的局势下，各种力量都会自然而然地被卷进混乱不堪的漩涡中。在这种鱼龙混杂的局面下，我们便可以趁机将那些力量弱小的，或立场不够坚定的顺手夺取过来。这就是浑水摸鱼的核心要义，即利用迷乱事态，趁对手彷徨之机坐收渔翁之利的策略。

所以，浑水摸鱼有一个大的前提条件，就是水要“浑”。水浑可以分为两种情形，一是水原本就是浑的，己方抓住时机乱中取胜即可；二是水原本是清的，己方故意将其搞混，达成自己的图谋。

经济市场上的困境和低迷，犹如一池浑水，使得陷入其中的一些经营者看不清方向，结果不少大企业都纷纷倒了台。然而，一场市场混乱也往往能塑造一批企业新秀，这些眼光独到的经营家不但能从困境中看到机遇和希望，更能在这池“浑水”中摸到一条意想不到的“大鱼”。

1962 年，生意失败的邦尼在德克萨斯州发现了一处油田，从中轻松赚得了 75 万美元。邦尼不但还清了累累债务，还利用剩余的开创了一家麦沙石油公司，接着他借助这家公司的名义上市集资，发行新股。

邦尼成立公司的第一年就创造了 43 万美元的净利润。这样，在雄厚的资金支持下，邦尼一面继续发行新股，一面展开收购行动。当时，美国经济陷入低迷，许多公司面临倒闭。1964 年，邦尼就轻松收购了陷入窘境的吉尔逊石油公司。1969 年，邦尼看中了德州的赫·高顿石油公司，他用本公司发行的新股去交换高顿石油公司的股票。为了达到目的，他还向对方开出了十分优惠的交换条件，即对方在以后五年时间内可以随时认购麦沙石油公司的股票。结果，这使邦尼只用了极少的资本就成功收购了赫·高顿石油公司。美国华尔街对此惊叹不已，着实佩服邦尼的老谋深算。

1973 年，阿拉伯国家对西方国家实施了石油禁运，结果引发了世界范围内的石油危机，当时的石油价格从每桶 30 美元涨到了 40 美元，许多公司削尖了脑袋想方设法去进口石油，希望借着混乱大赚一笔。然而，麦沙石油公司却不动声色，它只是注视着同行们，准备随时向他们发出致命一击。

果然，机会来了。自 1981 年后，石油的价格由每桶 40 美元一下子跌至 15 美元。许多公司猝不及防，遭受了巨额损失，市场陷入了一片混乱。邦尼则因提早防备而免于灾难，非但如此，他已经打算在这次危机中"浑水"摸一条"大鱼"。他看中的是海湾石油公司，当时海湾石油已经拥有四万职工，在美国石油公司中排名第六。越是大的公司在这次危机中面临的困境陷得越深，只能靠出卖股份来缓解资金压力。这正是邦尼所期待的，结果他在短短半年时间内收购了 40 万股海湾石油的股票，成交价为 132 亿美元。而海湾石油公司总资产才 200 亿美元。最后，海湾公司苦撑到了 1984 年，终于同邦尼达成协议，以每股 80 美元的价格将海湾石油公司所有股票卖给了邦尼。邦尼在这次交易中，获利超过 70 亿美元。

邦尼的成功在于他是一位能从乱中理出头绪、在不利中找到有利，从而成为“浑水摸鱼”的能手。在如今竞争与机遇并存的商业环境中，谁抓住机遇谁就能成功。

第二十一计　金蝉脱壳

原典

存其形，完其势[①]，友不疑，敌不动[②]。巽而止蛊。

共友[③]击敌，坐观其势。倘另有一敌，则须去而存势。则金蝉脱壳者，非徒走也，盖为分身之法也[④]。故大军转动，而旌旗金鼓，俨然原阵，使敌不敢动，友不生疑。待己摧他敌[⑤]而返，而友敌始知，或犹且不知。然则金蝉脱壳者，在对敌之际，而抽精锐以袭别阵也。

注释

①存其形，完其势：保持战场的原貌和局面。

②动：进犯、进攻之意。

③共友：和友军联合。

④“则金蝉脱壳”句：金蝉脱壳之计并不是说逃走之后就什么也不顾，其实是分身之法。

⑤摧他敌：消灭别处的敌人。他敌，指其他地方的敌人。

译文

保留战场原本的样子和局面，不让友军产生怀疑，敌人也不敢贸然进犯。这是根据蛊卦推出的，我方偷偷转移中坚力量，转危为安的计谋。

同友军联合作战攻打敌军时，要冷静观察。如果有另一股敌人需要分兵迎击，必须保持原来阵容的空架子。“金蝉脱壳”并不是一走了之不管不问，实际上是分身术。因此，当我方主力转移后，依然要使原阵地旗帜招展、金鼓齐鸣，保持原来的阵容不变。只有这样才可使敌人不敢轻举妄动，友军也不对我产生疑心。等到消灭了别处敌人返回来时，友军和敌军才发觉，或者仍然没有发觉。这就是“金蝉脱壳”之计的高明之处。“金蝉脱壳”之计就是在同敌人作战时，抽调精锐的主力去袭击别处敌人的奇谋。

解析

战场上，胜负不定，即便是常胜将军也有马失前蹄的一天。因此，对于一时的挫折和失败，我们首先应该摆正心态，一定要拿出撤退逃亡的勇气。失败不要紧，重要的是不要自暴自弃，应该最大限度地保存自身实力，巧妙脱身，等待东山再起的一天。当年，项羽被刘邦追至垓下，其实并没有到绝境，他大可以独自乘船渡江，只要活下来就不愁没有东山再起的一天。

蝉有一种蜕皮的习性。细心的人不难发现，如果我们在蝉蜕皮的时节抓住它，并把它扣在纸杯下，第二天当你掀开纸杯时会发现，蝉似乎依然在原处一动未动，但当你仔细观察时却发现，待在那里一动不动的只是一具蜕下来的躯壳，蝉的本尊早已逃之夭夭。在军事上，“金蝉脱壳”作为一种计谋，往往是指在形势处于极端不利的情况下，不得不用计脱身，以求东山再起。

所以，在危急存亡的关头，一切用伪装、掩护或欺骗等手段瞒住对方，以求暗中逃盾的手法，都是一种保留外在形式，抽走实际内容，借以巧妙分身的权宜之计。

在 2000 多年前的古罗马，不堪忍受奴隶制压迫的斯巴达克发动了一次空前规模的奴隶起义运动。斯巴达克不但英勇过人，而且足智多谋，多次领导起义军给敌人以致命的打击。罗马帝国方面，在克劳狄乌斯惨败于斯巴达克后，又派瓦涅率两个兵团前来镇压起义军。这是一场连续的恶战，起义军被瓦涅重重包围了数日，立刻陷入了粮草断绝的地步，不少士兵还身染重疾，情况越来越危急。必须得突围出去，但不能硬拼，要想办法瞒住对方的耳目。经过一番精心地部署，斯巴达克想出了一个绝妙好办法，他让士兵们将死尸绑在营前伪装成哨兵，然后再留下几名号兵按惯例吹号。从外面看，整个军营看上去跟平常没有两样，而事实上它早已人去楼空，斯巴达克已经率领大军偷偷从被敌人所忽略的山路顺利突围出去了。

这一计“金蝉脱壳”把敌人耍得团团转。罗马统治者恼羞成怒，又派出克拉苏为统帅，带兵前往维苏威山堵截起义军。克拉苏阴险狡诈，他想要把起义军困死在半岛上，于是在起义军必经之路的狭窄处挖了一条长长的壕沟，并在沟边修筑了高大的防护墙，每日设重兵把守，一旦有人设法过沟，便将其乱箭射死。

这天晚上，斯巴达克带领起义军靠近壕沟，并在那里燃起篝火，在篝火旁不断吹笛子、敲皮鼓、跳舞蹈。按照当时的习俗，这种娱乐活动预示着死亡，罗马军看到这种情形，便高兴地认为起义军已经放弃反抗，打算听天由命，于是放松了戒备。连日来的警惕守卫让罗马士兵疲惫不堪，人一旦放松警惕，疲劳就会接踵而至，正当他们困乏之际，斯巴达克指挥起义军用随身携带的木料、冻土等很快填平了壕沟，奇迹般地冲出了封锁线。当罗马军意识到这点时，起义军早就逃之夭夭了。

在战场上，一个成功的谋略家不但要进攻有术，还要撤退有法。善于谋略的斯巴达克曾在起义军屡屡陷入困境时，多次运用“金蝉脱壳”之术突出重围，这不但保存了自己的实力，对敌人也是一种无形的打击。

在实施“金蝉脱壳”之计时，我们还需要注意以下几点。首先，“脱壳”的时机不能过早，只要还有胜利的可能，就不要“脱壳”离去，到了万不得已之时，才可脱身，否则将会破坏胜利的机会。当然，“脱壳”也不能过晚，在败局已定的情况下，多停留一分钟，就多一分危险，少一分生还的可能。

“脱壳”要想脱得神不知鬼不觉，自然也要掌握好时机。为了创造这样的时机，斯巴达克摆起了迷魂阵，用当地人的习俗骗过了对方的耳目，从而消减了敌人的戒备心，这才迎来了脱身的时机。为什么斯巴达克在被困多日之后才实施这个计划呢？原因有二：其一太早实施的话，有可能引起敌人的怀疑，如果粮草很充足还不至于让他们就此放弃，那么他们在敌人面前扮演求死的仪式就有些可疑了；其二，一定要等到敌人也已经十分倦怠的时候才能实施，在这样的情况下，戒备心一旦得以释放，疲倦困顿就犹如排山倒海一般来到。这个时候，斯巴达克才有可能趁机过关。

在现代社会中，“金蝉脱壳”也不失为一计良策，尤其当我们在纷繁复杂的市场竞争环境中被对手围追堵截，或者紧跟不舍时。如今是个创意时代，然而同行业的模仿竞争却也异常激烈。当我们遇到这种恶性的不健康的竞争方式时，就要想方设法将其摆脱。

比如，B 公司长久以来总在观望 A 公司的动向，不管 A 公司做什么，B 公司就会紧随其后，进行模仿再生产。这就为 B 公司节省了大笔技术研发的费用，这样一来成本费也相对较低，再加上产品的生产周期缩短，使得 B 公司总能后来居上，在短期内就创造出高收益。

不久之后，A 公司终于发现这一情况。该怎么办呢？投诉 B 公司？可是 A 公司手头没有任何证据证明 B 公司抄袭 A 公司的创意。再者，作为一家企业，A 公司不可能将宝贵的时间都投入到调查取证上面。经过一番研究，A 公司董事会秘密决定，将全体人员都投入到一项新产品的研发和生产中去，并通知所有员工，这关系着公司的前景发展，一定要全力以赴去做好。其实，这是董事会安排的假象，他们真正进行的秘密研发只有董事会和一个特别小组成员知道，除此之外，公司上下都在为另外一件假项目忙得不可开交。

B 公司得到这个假消息，也不经研究分析，便也紧锣密鼓地跟着忙了起来。三个月后，A 公司尽人皆知的项目突然无疾而终，而 B 公司则损失惨重，好不容易开发出来的产品既没有市场需求，产品质量也不过关，最后只能充当一堆废铁。而此时，A 公司才将他们的秘密武器拿出来，这个特别小组耗费三个月研发出来的新产品一经上市，便获得了很好的效益。经此一战，B 公司信誉全无，从此一蹶不振。

由此，我们看到，“金蝉脱壳”之计得以实施，保密性和机动能力是关键。如果 A 公司的保密措施做得不好，那么一切都将白忙一场，仍然逃不过 B 公司的跟风。此外，实施此计还要有冒险精神。A 公司的做法无异于将公司的力量进行分兵，这是具有一定风险的，如果秘密小组经过一番努力也未能开发出新产品，那么这将是严重的资源浪费。

第二十二计　关门捉贼

原典

小敌[1]困之。剥[2]，不利有攸往。

捉贼而必关门，非恐其逸[3]也，恐其逸而为他人所得也。且逸者不可复追，恐其诱也。贼者，奇兵也，游兵也，所以劳我者也。《吴子》曰："今使一死贼，伏于旷野，千人追之，莫不枭视狼顾[4]。何者?恐其暴起而害己也。是以一人投命[5]，足惧千夫。"追贼者，贼有脱逃之机，势必死斗；若断其去路，则成擒也。故小敌必困之[6]，不能，则放之可也。

注释

①小敌：实力弱小的敌人。

②剥：剥落之意。

③逸：逃跑之意。

④枭视狼顾：东张西望，左顾右盼。枭，猫头鹰。

⑤投命：以死抵抗，拼死战斗。

⑥故小敌必困之：所以，同弱敌作战时就要困住他们。小敌，弱小的敌人。困，围困住。

译文

如果与自己战斗的敌人弱小，就要毫不犹豫地把他困住灭掉。如果不小心让敌人逃跑，再去追击他，那就是于己大大的不利。

捉拿贼人时必须关闭大门，不只是怕他逃走，还怕他逃走后被别人利用。此外，如果对方已经逃走，那就不要再穷追不舍，这样做是怕中对方的诱兵之计。“贼”一般是对方的奇兵和负责诱敌的小股部队，目的就是引得我们疲于奔命，然后乘机攻打我们！《吴子》说：“现在有一个亡命之人藏在旷野中，派千人去捉拿他，但这些人却害怕得东张西望，这是什么原因呢？因为他们害怕歹徒给他们来个突然袭击。所以，如果一个人不怕死，那就足以让上千人恐惧。”追捕贼人之时，如果不小心给了贼人逃跑的机会，那么他一定会拼死战斗；如果切断贼人的后路，那么一定能抓住他。所以，与弱小的敌人战斗时应该围住他们，如果围不住，就先把他们放走，这也是可以的。

解析

“关起来的门”应是打不开的，“锁起来的屋子”应是没有漏洞的。然而，一旦门被打开，屋子被冲破，那么逃脱的敌人就将成为亡命之徒，他们大多抱着你死我活、鱼死网破的决心，这个时候再想去抓他就困难了。所以“关门捉贼”讲的是必须要在敌人还没有想到要决一死战、成为亡命之徒时，去战胜他。

从这方面来说，关门捉贼是一种时机论，机不可失，时不再来，错过了这次杀敌机会，那么一旦敌人得到翻身，面临的将是一场殊死恶斗。所以，战场之上，胜利的关键在于，能不能敏锐地抓住这种机会，并一战到底。对于一个谋略家来说，这才是关乎战斗力的一次严格考验。

公元前 262 年，秦国仗势攻取韩国，致使韩国的上党郡完全与韩国本土脱离，而韩国也形同亡国。当时，韩国为求自保，想到将上党郡献给秦国以求和，然而，上党郡守激愤不已，誓死不愿降秦。韩国一再施加压力，结果上党郡反而甘愿将 17 县献给赵国。秦国见到嘴的鸭子竟飞了，十分气愤，立刻派兵攻打赵国。赵国老将廉颇驻守长平，他经验丰富，见秦国实力强大，于是坚守不出，两军在长平对峙三年不分胜负。

公元前 260 年，急于求成的赵王见廉颇坚持三年只守不攻，十分不满。秦王探听到此消息后想到了一出离间计，于是在赵国广泛造谣，说廉颇胆小如鼠，害怕秦国躲在城内不敢迎战，还说就是廉颇出来迎战，秦国也不怕。赵王听信谣言中了计，立刻用赵括换下廉颇。

赵括嘴上夸夸其谈，其实是个绣花枕头，只懂纸上谈兵。替代廉颇后，赵括一改廉颇坚守不战的策略，与秦军多次交战。秦将白起等了三年终于钓到大鱼，于是心里喜上眉梢，故意让赵括的军队取得了几次小胜。赵括见自己出师告捷更加得意忘形了，竟派人到秦营下决战书。白起知道赵括已上钩，于是连忙迎战，几天后赵括亲率 40 万大军，与秦兵决战。秦军与赵军几次交战，依然保持且战且退的原则不变，为的就是诱敌深入。赵括哪里知道敌人用的是诱敌之计，还以为自己带兵入神，遂一路追赶被打败了的秦军，一直追到秦军的营垒。结果，秦军躲进营内坚守不出，赵括连攻数日，敌军也丝毫不动摇。

正当赵括纳闷之时，突然得到消息，说自己的营地已经被秦军攻占，粮草也被秦军截断，而现在秦军已经从四面八方把他的 40 万大军围了个水泄不通。直到这时，赵括才明白秦将白起一直以来都是在佯装败退，目的是诱敌深入，正当他一直追击败退的秦军时，后方已经被秦军的伏兵分割包围了。

赵括心中悔恨不已，但已经成为秦军的囊中之物。秦王见前线形势大好，更是亲自赶赴前线，召集全国 15 岁以上的壮丁到长平，并全部赐爵一级，以激励他们堵截赵国的援兵和粮食。就这样赵括的 40 万大军前有狼后有虎，粮草、援军都已断，被困 46 天后因饥饿乏食与秦军决一死战，结果赵括在混乱中被射杀，40 万赵军全部投降。由于赵军降卒数量过大，秦军损失也十分严重，根本无力控制这些降卒，于是除 240 名年幼的士兵被送回赵国报信外，其余士卒全被就地活埋。这就是历史上著名的长平之战。赵括纸上谈兵，结果一下子变中了敌人“关门捉贼”之计，40 万士兵被活埋，那是何等场景，赵国从此一蹶不振。

面对实力略低的对手，对其采取四面包围的“关门捉贼”策略最合适不过了，这是一举歼敌的最佳策略。之所以要“关门捉贼”，不单单是因为怕对手有机可乘跑掉，更重要的是担心他跑掉之后会搬救兵或者被他人利用。

另外，“关门”也要看时机。只知道“关门”却不知道何时“关门”，这是大忌。我们一定要清楚，只有当自身拥有了充分的准备和信心，并通过精心的计谋致使对方陷入你的圈套时，才可对其进行“关门”。这时“关门”一定要果断，切勿犹犹豫豫，否则对方有可能趁机逃脱。

石油大王洛克菲勒在创建他的“石油王国”时，一路过关斩将，计谋迭出，不知消灭了多少个竞争对手。当年，湖滨铁路公司董事长华特森与宾夕法尼亚铁路公司董事长斯科特企图独霸铁路运输，为了找到一个更有力的外援，找到了洛克菲勒，提出一个“铁路大联盟”计划。

洛克菲勒一听，顿时觉得机会来了，于是参与了这场密谋，并成立了一家控股公司，叫“南方改良公司”。洛克菲勒所支持的这个“铁路大联盟”构想，无非是把所有运输石油的铁路公司联合成一体，然后与特定的石油业者合作，从而挤垮那些竞争对手。作为洛克菲勒的加入条件，斯科特答应由洛克菲勒来选择加入控股公司的石油企业。这些加入进来的石油企业享受到了五折的运费折扣，而那些被拒之门外的石油企业则是32倍的高昂运费，结果这些企业由于不堪承受高昂铁路费用被纷纷挤垮，一个个吞并他们的正是洛克菲勒。

这一招“关门捉贼”的计划阴险狠毒，使斯科特大赚了一笔，而洛克菲勒也从中渔利不少。不过事情还没有结束，正如斯科特实行的“铁路大联盟”计划一样，洛克菲勒对野心勃勃的斯科特，也就是曾经的合作者也实施了“关门捉贼”招数，他抛出去的诱饵就是让斯科特把他当作盟友。

原来，洛克菲勒重新建立起“石油生产者联盟”，向不给予折扣的“铁路大联盟”宣战。同时他还联合了铁路界中斯科特的两个老对手，三方结盟共同对付斯科特。他们大力降低生产成本，向斯科特的根据地匹兹堡进行空前规模的大倾销，迫使斯科特无路可走。洛克菲勒就这样封死了斯科特谋求生计的所有“门”，从而“捉贼”成功。最后，斯科特的全部企业被洛克菲勒以 340 万美元收购，从此整个大西洋沿岸的原油开采、运输和价格，都被他一手掌握。

“关门捉贼”最忌贪多不消化。这要求施计人要量力而行，不能贪多贪大，否则贪多嚼不烂，吃亏的还是自己。

第二十三计　远交近攻

原典

形禁势格[①]，利以近取[②]，害以远隔。上火下泽。

混战之局，纵横[③]捭阖之中，各自取利。远不可攻，而可以利相结；近者交之，反使变生肘腋[④]。范雎之谋，为地理之定则[⑤]，其理甚明。

注释

①形禁势格：意思是受主观条件的阻碍。

②利以近取：攻打离自己近的敌人比较有利。

③纵横：即“合纵连横”。

④肘腋：胳膊肘和胳肢窝。这里指离得很近的地方。

⑤为地理之定则：攻打还是结盟，是以地方的远近为准则的。

译文

与敌作战之时，若受到主客观条件的阻碍，就要先进攻离自己较近的敌人，若先进攻离自己较远的敌人则于己不利。交战双方本来如水火般不能相容，但双方若都想攻击共同的敌人，则可以暂时结成联盟。

局势混乱没有统一秩序的时候，各种势力陷于联合与分裂之中变换频繁，每一方都在谋求自己的利益让自己发展壮大。在这样的情形下，远处不要去进攻，可以友好相交；如果与邻近国家友好相交，反而会使变乱发生在肘腋之间。战国时范雎的策略，就是以地理位置的远近，作为结交或攻击的准则，这个道理是再明白不过的了。

解析

“远交近攻”是三十六计中唯一一条有着严格特定条件的谋略。因为它起初是范雎专门为秦国量身定制的一条以占领别国领土为目标的策略。

当时，范雎刚刚入秦不久，为了取信于秦昭王，他率先向秦王分析了秦国的优势：“秦国地势之险要，没有哪个地方能比得上；秦国坐拥雄兵百万，战车千乘，秦国的兵甲锋利无比更是天下无敌。按理说，秦国如此勇猛，兵马如此之多，要想制服天下诸侯，岂不是易如反掌吗？然而到如今秦国似乎一点成就都没有取得，难道是秦国的大臣没有什么良谋妙计吗？”秦昭王听了范雎的话，感到欣慰又觉得十分有道理，于是恭恭敬敬地向范雎请教。于是范雎说道：“臣听说穰侯想越过韩国、魏国而直接攻打齐国，这恐怕不好。出兵少了根本灭不了齐国，出兵多了，万一其他国家乘虚而入怎么办？所以，大王不如结交远方的国家，而攻击邻近的国家，这样不管得一寸土地还是一尺土地，都一定是大王的。如果放弃邻近的土地，而绕远道去攻击，那可就不一定了。”

接着，范雎围绕“远交近攻”这一战略原则为秦昭王拟定了一套具体的实施方案。第一步，就是要就近重创韩国和魏国，以解除心腹之患，从而壮大秦国的势力；第二步，北边的赵国和南面的楚国都将成为秦国的下一个目标，先扶持弱的，抑制强的，从而争夺中间地带，遏制各国的发展；第三步，当韩、魏、赵、楚都依附于秦国之后，联合这四国的力量，威胁当时最强大也最远的齐国，这样就避免了齐国针对秦国的单一竞争；第四步，当秦国具备了压倒性优势时，由近及远，逐一消灭韩、魏诸国，最后灭齐，一统天下。

秦昭王听完大喜，连忙拜范雎为客卿，参与军国大政。公元前 268 年，秦昭王用范雎的计谋伐魏，攻克了怀；两年后，又举兵攻占刑丘。接着，范雎又劝秦昭王先收韩，并谋划了收韩的计策，即占领韩国政治、经济、交通、军事的咽喉要塞荥阳，这样一来就可以将韩国拦腰截断。到时候，韩国不得不听命于秦。

公元前 265 年，秦军发兵，先后占领韩国少曲、高平、陉城、南阳、野王等地，至此，已将韩国拦腰斩断，使整个上党地区完全孤立起来。韩国步步败退，秦国则在胜利中获得了人力、物力等方面的巨大补偿，实力更加强盛，因而东进步伐大大加速，扩大了对赵、楚两国的战争规模。

公元前 260 年前后，秦国同赵国对峙长平，范雎对赵国大施离间之计，使得赵王任用赵括，而将老将廉颇换下，结果赵括只懂得“纸上谈兵”，上来就中了秦国诱敌之计，使得 40 万大军被秦军活埋。从此，赵国一蹶不振，不得不听命于秦国。至此，范雎的远交近攻策略，按照计划正一步步得以实施，秦国在此期间变得更加强大，为以后秦统一六国打下了政治、军事以及外交上的基础。

“远交近攻”的应用，是为了防范敌方结盟，千方百计制造和利用矛盾、分化敌人，以达到逐个击破的目的。“远交”的目的是稳住远方的敌人，从而消灭近处的敌人。因此，“远交”并非要长久和好，远敌也是敌，迟早都要兵戎相见。这时候跟它建立交好关系，是为了避免树敌过多而采取的一种暂时性的外交诱骗手段。当近敌一旦被消灭，远交的使命便可宣告完成。就像范雎所说，要想统一六国，齐国是最远最大的威胁，但不能一上来就去远道攻打齐国，而要跟它交好，建立盟友关系。这样，才能放手收拾周边的小国。等小国收复得差不多了，也该是时候跟齐国翻脸，一较高下了。

总结来看，远交的好处有二：一是孤立近处的敌人，使其得不到援助而束手就擒；二是麻痹敌人，让其放松警惕，以便日后突袭获胜。近攻的好处有三：一是可以拓展我方的地盘和势力范围，因为周边国家的疆土与我国疆土紧紧相邻，便于守护及利用，这就是范雎说的“得寸则王之寸也，得尺亦王之尺也”；二是近距离作战便于集中力量，一举夺胜；三是节省人力和物力，不会对国家财政造成沉重负担。

另外，此计在实施过程中，一定要注意以下两点：首先要掩盖自己的意图，使得远方之国不会怀疑你的交往动机；其次，对于邻国的打击要迅速而致命，不能拖沓，否则会消耗过多实力，再进攻更为强大的对手，可能会心有余而力不足。

“远交近攻”可以说是一种长远的战略谋略，因此在商战中同样适用。现代高科技迅猛发展，使得企业家可以放弃走独立开发的道路，转而走技术引进的捷径。这种技术引进其实就是一种“远交”策略。在如今纷繁复杂的社会形态下，做事不要拘泥于一种形式，应该从长远角度考虑，如果搞独立开发不行，那就选择技术引进，总有一条适合你自己的路。

再如现在的年轻人找工作也是一样，你可以根据自己现有的条件，先在一个单位留下来，这叫“近攻”；等你经验、实力、人脉等方面都充足了再慢慢寻找机会，跳槽到理想的单位，这叫“远交”。

另外，“远交近攻”的策略还告诉我们一个道理，即在现实生活中，无论是谁，无论做什么事，都需要别人的帮助，单枪匹马是难成大事的。所谓“独木难支”，单打独斗逞个人英雄的观念已经落伍了，现在社会只有团结与竞争并存才能获得长久。

第二十四计　假道伐虢

原典

两大[1]之间，敌胁以从，我假以势。困，有言不信[2]。

假地[3]用兵之举，非巧言可诳，必其势不受一方之胁从，则将受双方之夹击。如此境况之际，敌必迫之以威[4]，我则诳之以不害，利其幸存之心，速得全势。彼将不能自阵，故不战而灭之矣。如晋侯假道于虞[5]以伐虢。晋灭虢，虢公丑奔京师，师还，袭虞灭之。

注释

①两大：指我方和敌方这两个强大的国家。

②困，有言不信：若处于困境之中，有人出言相救，能不相信是真的吗？

③假地：借用别人的地方。

④敌必迫之以威：敌人一定用武力迫使他屈服。

⑤虞：春秋时期的小国家。

译文

弱小的国家夹在敌我这样两个强国中间，若敌人威胁它，我方就要出兵援救，这对我方十分有利。困卦中这样说，当一个国家受到敌人的威胁时，若其他国家出言承诺救之，处于危机中的国家能不相信吗？

借路行军的举动，不是仅靠花言巧语所能骗取的。处在两个大国夹缝中的小国，如果他们不肯受任何一方的胁迫，那么就会受到两个大国的夹击。在这种情况下，敌方必然会用武力逼迫它屈服，我方即可以用不侵犯他的利益做保证，利用它侥幸图存的心理，迅速使它信赖我方，这样的话，兵不血刃就可以灭掉一个国家。如：晋献公为讨伐虢国而向虞国借路，晋国灭掉虢国后，虢公丑逃往周朝之都。晋国大军在回来的路上又顺便灭掉了虞国。

解析

假道伐虢记载的是历史上的一件真实事件。公元前658年，晋国日渐强大，于是对旁边的小国打起了主意。虞国和虢国互相邻近，关系又交好，这让晋献公非常担忧，打算灭了这两个国家。于是晋国士大夫荀息向晋献公提议可以先离间两国的关系，让他们不能互相支援。可是怎么才能离间两者关系呢？荀息又提议，请求将屈地出产的名贵马匹和垂棘出产的罕见玉璧送给虞国，作为借道攻打虢国代价。晋献公听了有些舍不得，说："那可是我的宝贝啊！"荀息回答道："如果能成功借得虞国的路，那么把东西放在虞国就好像放在外库里一样。等灭了虢国，虞国迟早会被收为囊中。”晋献公又想到虞国有个能人叫宫之奇的，怕他看穿他们的把戏。对此，荀息则回答说：“宫之奇的为人，懦弱而不能坚决进谏，再者他从小就和虞君在宫里一起长大，虞国君主对他亲昵，可越是亲昵的人进谏，往往人们越不会听从。”于是晋献公便派荀息带着两样宝贝去虞国借路。

荀息呈上宝物，对虞君说：“冀国无道，从颠岭入侵，攻打虞国冥邑的三面城门。敝国伐冀而使冀国受到损伤，也是为了君王的缘故。现在虢国无道，在客舍里筑起堡垒，以攻打敝国的南部边境。谨敢请求贵国借路，以便到虢国去问罪。”虞国国君见了荀息所带来的宝物十分喜欢，想都没想便答应了借道的请求。非但如此，虞公还表示自己先去攻打虢国，宫之奇听了急忙劝阻，然而虞公果然听不进去，一意孤行。于是，晋国的里克、荀息领兵同虞军汇合，结伴去攻打虢国，并拿下了下阳。

三年后，晋侯再次向虞国借路去攻打虢国。这时，宫之奇第一时间出来劝阻说：“虢国是虞国的外围，如果虢国灭亡，虞国就是下一个。晋国野心勃勃，我们让他们的军队穿过而行就是引狼入室。一次已经十分过分了，难道还让他来第二次吗？俗话说‘辅车相依，唇亡齿寒’啊！”

虞公却对此不认同，他说：“晋国是我的宗族，难道会害我吗？我祭祀的祭品丰盛而清洁，神灵必定依从我。”于是，虞公还是答应了晋国使者的要求。宫之奇摇了摇头，料定虞国大限已到，于是带领他的族人离开了虞国，临走时还说：“虞国过不了今年的腊祭了。就是这一次，晋国用不着再次发兵了。”果然，晋侯很快包围上阳。不到半年，晋国灭掉了虢国。晋国军队在回国的途中住在虞国，并乘机袭击了虞国，不费吹灰之力就使虞国灭亡。于是，荀息牵着马匹、拿着玉璧去向献公汇报。献公见宝物完璧归赵竟高兴地说：“玉璧还和从前一样，不过马的牙齿已经长长了。”

“假道伐虢”的重点在于“假道”，也就是寻找一条“假道”的借口，这理由一定要充分，还要善于隐蔽“假道”的真正企图，以便日后借此道突袭此国。既然是“借”，那么一定少不了好礼相送。对于借道之国来说，这个好处就是蒙蔽他双眼的一枚糖衣炮弹。不过，这好处也不能好得太过分，否则就会让人怀疑你动机不纯。当年周瑜被诸葛亮浑水摸鱼占据了南郡，心中十分愤怒，便又生一计，就是假借吴侯嫁妹之名去请刘备入赘江东。他的目的当然不是真的让吴侯嫁妹，而是要把刘备引到江东。然而他送得这份“礼”太大了，让人听了就觉得不真实，立刻猜测到他的目的。结果，周瑜果然被诸葛亮反施一计，赔了夫人又折兵。

在东京闹市区曾有一家专门经营手帕的商店。商店的主人是一对夫妻，每天都很晚才打烊，打烊后还要计算一天的营业额。这天，妻子算完营业额之后重重叹了一口气说：“生意越来越不好做了。上个月还卖掉了上千打手帕，这个月销售额就只剩下几打了。真是一天不如一天，再这样下去，我看只能关门歇业了。”

丈夫跟着也叹了口气说：“下午我去工厂进货，看人家大公司和超市，一进就是一卡车的货。看看人家那个服务态度，再看咱们，人人势利，像咱们这种零星小户头，厂家都不怎么在意。”

原来，一个月前，附近开了一家大型超级市场，那里的手帕种类齐全，应有尽有，他们的小店根本没法跟人家比，生意自然一落千丈了。如今一个月过去了，到店里来的人几乎就只剩下问路的了。

妻子感慨道：“我们就不能想想办法吗？难道我们只能做一个业余的路径指导员？”

“什么？你刚才说什么？”丈夫一听，眼睛一亮，好似有灵光闪过。

“我说路径指导员……”妻子感到莫名其妙。

“对。我们不要做业余的，而要做职业路径指导员！”丈夫脑子里飞快闪过一个念头。

“你疯了吗？你要扔下小店，去当导游吗？”

“我可没有疯，我想到办法了。中国兵法讲‘假道伐虢’，我们也可以借导游之名销售手帕，生意一定会好起来的。”店主高兴地欢呼着。

原来，店主是这样设想的，现在的手帕上印着的大多是山水、花鸟以及各种图案，这些虽然看起来美观，但其实并没有实用价值。既然到小店来问路的人很多，为什么不在手帕上印上当地的地图呢？这样不但方便了游客，还推销了商品，更加能得到厂商的重视和青睐。可谓是“一石三鸟”。

果然，店主的这个想法很快被厂商采纳，于是订制了大批印着东京交通图及风景区的导游图手帕放在小店出售。不久，这家“夫妻店”的生意果然兴旺了起来。

“假道伐虢”其实讲的是一种“借势”的学问。很多时候，我们由于自身能力不足，只能借助其他力量来实现自己的目的。具体应该注意以下几点。首先，要确保内部团结，不给别人以可乘之机。一旦我们内部分崩离析，那么对手就会趁机渗透。其次，还要建立良好的外交关系，避免中了对手的离间之计。最后，对于对手提出来的借道请求以及利益贿赂要有一个清醒的认识，不能被这糖衣炮弹所蒙骗。最好的办法就是始终要弄清楚对方的意图，一旦发现对方的要求有一定威胁性，那么一定要及时防范，予以拒绝。

第五套　并战计

第二十五计　偷梁换柱

原典

频更其阵，抽其劲旅[①]，待其自败，而后乘[②]之。曳[③]其轮也。

阵有纵横，天衡为梁，地轴[④]为柱，梁柱以精兵为之。故观其阵，则知精兵之所有。共战他敌时，频更其阵，暗中抽换其精兵，或竟代其为梁柱，势成阵塌，遂兼其兵[⑤]。并此敌以击他敌之首策也。

注释

①劲旅：指最精锐的部队。

②乘：这里为乘机之意。

③曳：拖住，拽住。

④天衡、地轴：天衡，指作战方阵前后的位置。地轴，指作战方阵中央位置。

⑤遂兼其兵：意思是乘机把友军兼并。

译文

多次使敌人改变阵势，并抽调其最精锐的部队。待敌人的力量自行减弱之时，趁机打败他。这和拖住车轮阻止车前进道理一样。

阵势有纵横之分，天衡为前后，是阵势的大梁；地轴是中央，是阵势的支柱，大梁与支柱部位都应该选派精兵去镇守。因此，察看敌人的阵势，就能发现他的主力所在。当与友军共同攻击敌人时，不仅需要互相配合，而且要频繁变更阵势，暗中替换其精兵主力，甚至完全取代原来的梁柱，使友军的阵势外实内空，即可乘机兼并友军。这是兼并友军并且消灭外敌最好的策略。

解析

一间房的梁柱被换掉，那么房子就会瞬间倒塌，即使一时未倒，若稍有动作也会立时摧枯拉朽。同理，一支军队的柱梁如果被偷换掉，那么这支军队就相当于名存实亡，随时会垮掉。这就是“偷梁换柱”的厉害之处。

“偷梁换柱”说白了，就是一种偷换概念的计策，通过暗中变换事物的本质或内容，以达到蒙混欺骗的目的。“偷梁换柱”跟“偷天换日”、“偷龙换凤”、“狸猫换太子”、“调包计”是类似的意思。试想两军对垒，本来是各有所长，但如果能用计将对方的精锐力量偷换掉，以次充好，那么就多了几分胜券。

如果是跟其他部队联合作战，那么可以设法变换自己的布阵，暗中抽出主力，用友军的部队去代替，这样暗中将盟友拉拢过来，统一意志，一致对敌，那么胜算便又多了几分。这样做的好处有二：其一，结合盟友的力量，合二为一，力量将变得更强；其二，抽出自己的主力，反而兼并友军的主力为己所用，等于利用盟友的身躯而保存了自己的实力，既打击了敌人，又损伤了盟友，自己则完好无损，这是"偷梁换柱"之计更深层的意义。

历史上，将"偷梁换柱"之计演绎得淋漓尽致的当属秦二世。秦始皇自称帝后，认为江山一统，便是子孙万代的家业了。不过，秦始皇是个英雄，英雄都不服老，他忙着研究不老仙丹，认为自己身体还不错，因此一直没有立太子的打算。既然没有太子，那么宫廷内外就有了储嗣之争。当时围绕储嗣问题产生了两个强大的政治集团，一个是皇长子扶苏、蒙恬集团，一个是幼子胡亥、赵高集团。长子扶苏恭顺仁义，为人正直，朝野上下都有着很高的声誉。秦始皇本来也打算立扶苏为太子，而且为了锻炼他，还派他到著名将领蒙恬那里驻守北方边疆。而幼子胡亥，玩世不恭，结交不慎，同宦官赵高沆瀣一气，除了吃喝玩乐，就是玩弄阴谋诡计。

公元前210年，秦始皇第五次南巡，不料达到平原津地区后竟一病不起。此时，秦始皇也知道自己大限已到，便连忙召丞相李斯，要李斯传达密诏，立扶苏为太子。当时掌管玉玺和起草诏书的是大宦官赵高。赵高野心勃勃，立刻明白要想日后发达，全在这一刻，于是故意扣押密诏，等待时机。

果然，没几天秦始皇就在沙丘平台驾崩。李斯分析，此时还不能将秦始皇驾崩的消息宣扬出去，因为一旦宣扬出去，皇子又不在身边，恐怕会发生政局动荡，所以李斯决定秘不发丧。赵高见时机已到，便去找李斯说："皇上赐给扶苏的信，还扣在我这里，所以不用担心扶苏公子会回来。既然如此，如今立谁为太子，就只有两个人可以决定，那就是你和我。"李斯不动声色，于是狡猾的赵高又对李斯讲明利害，说："如果扶苏做了皇帝，一定会重用蒙恬，到那个时候，宰相的位置你能坐得稳吗?"这句话果然打动了李斯的心，于是二人合谋，制造假诏书，赐死扶苏，杀了蒙恬。

就这样，赵高未用一兵一卒，只用"偷梁换柱"的手段，就把昏庸无能的胡亥扶为秦二世，为自己今后的专权打下基础，也为秦朝的灭亡埋下了祸根。再看盟军李斯的下场呢？他当然被赵高所忌惮，不久之后就被腰斩于市。

赵高的成功在于两点。首先，顺利地进入友军的决策过程，只有对友军的决策发生影响，才能顺利地对友军的阵容"偷梁换柱"。对于赵高来说，得知秦皇诏书秘密的李斯无疑就是他的友军，他想要办成这件事，必须要通过李斯这道坎，于是他以"扶苏当政后，朝野将无李斯的容身之地"为由，对他的决策发生了影响。最后，李斯经不住权力的诱惑，而与赵高合谋，赵高则成功借助了李斯的权力实现了"偷梁换柱"。

可见，"偷梁换柱"的关键在于一个"换"字，能否抽调和如何抽调敌军或友军的精锐主力，是此计的关键所在。引诱或用变换的假象迫使其自行调动，是比较好的办法。扶苏贤明，而且有蒙恬辅佐，因此赵高知道李斯最怕自己将来会失去权力，于是就拿这点来引诱李斯。当然，调换还必须要在十分隐蔽的状态下进行，只有在敌人没有发现任何破绽的时候，才能实现用次要的换主要的，用假的换真的，用坏的换好的，从而实现自己的目的。所以，赵高跟李斯必须达成同盟，共享同一个秘密。不过，这又直接决定了李斯免不了被杀的命运。

“偷梁换柱”之后，还有一件重要的事需要解决，那就是除掉“友军”。其实从一开始，所谓“友军”就只不过是暂时拼凑的松散联盟，所以“兼并盟友”是战争中见怪不怪的一件事。对于赵高来说，李斯的存在就像一颗定时炸弹一样，不但掌握着他不可告人的秘密，同样也威胁着他实现绝对权力。于是李斯就成了一个悲剧的化身，他不希望扶苏登基是因为将来蒙恬会分化他的权力，然而他却没想到将来赵高也会因忌惮他的权力而除掉他。

“偷梁换柱”之计旨在乘友军作战不利，借机兼并其主力为己方所用。此计中包含尔虞我诈、趁机控制别人的权术，因此，除了战场上，还常常用于政治阴谋、外交谋略上，像“狸猫换太子”就是一计“偷梁换柱”。除此之外，“偷梁换柱”也是商业竞争者们用到的手段之一。

美国硅谷位于美国西海岸的加利福尼亚州，是当今世界上最重要的微电子工业中心。自 20 世纪 80 年代以来，全世界电子方面每一样新产品的问世，几乎都与硅谷脱不了干系。正因如此，硅谷受到世人瞩目，许多人以窃取美国硅谷的商业情报为目标。

当时，苏联的最高情报机关 KGB 也将手伸向了这里，KGB 委派了三名老派间谍潜伏在这里，他们的代号分别为“A”、“B”、“C”，指令是要他们不惜一切代价获取硅谷的电子技术最新情报和设备。

间谍“B”在接到任务后，率先展开了活动，不过他非常不走运，到处碰壁。这天，正当他在路上溜达时，不经意间发现一个人的相貌跟自己十分相似，于是他立刻想到了一招“偷梁换柱”之计。间谍“B”于是想办法与这个人搭话，一来二往间，他就了解到这个人是硅谷某公司绝密仓库的司机。间谍“B”便不惜花费时间和金钱，同这个司机成了好朋友。最后，这个司机的工作、家庭情况，以及出车所走路线全都被间谍“B”掌握得一清二楚。

当时机成熟后，间谍“B”就取代了司机的位置，他每天驾驶着司机的车自由地进出绝密仓库，竟没有人发现。最终，间谍“B”神不知鬼不觉地将 KGB 所需要的一切数据如数送给了莫斯科。之后，人们才发现那位司机竟神秘失踪了。这也是一次偷梁换柱之计的使用。

多元化社会的竞争特点是多极化，因此我们除了严加防范面前的对手外，还要时刻警惕那些中立者、盟友等其他势力。中立者或者盟友有可能会在你不经意的时候倒戈，所以要做到不轻信于人，更不随便将主力托付于人，以防被人吞并。

现在社会是个信息高速发展的时代，做好信息反馈工作大有裨益。对于团队内部的重要信息，我们要时时保持紧密联系，保证信息畅通，一旦发现被人偷换，立即实施补救，尽可能将损失减少到最小。

除此之外，更重要的是我们还要不遗余力地壮大自己的实力，从而让自己有强大的独立竞争能力和反抗能力，以防遭人暗算，被人攻击。

第二十六计　指桑骂槐

原典

大凌小者①，警以诱②之。刚中而应，行险而顺。

率数未服者③以对敌，若策④之不行，而利诱之，又反启其疑⑤。于是故为自误⑥，责他人之失，以暗警之⑦。警之者，反诱之也，此盖以刚险驱之也。或曰：此遣将法也。

注释

①大凌小者：强者领导弱者。凌，掌控，凌驾，领导之意。

②诱：诱导，引导。

③未服者：指不服从军令的兵将。

④策：意思是指挥。

⑤反启其疑：内心反生疑惑。

⑥故为自误：意为故意生事。

⑦警之：警告不服从军令的人。之，指不服从命令的兵将。

译文

强者掌控弱者，要利用警戒之法引导他。将领刚健公正，就能得到拥护，兵行险境也能顺利。

率领不服从命令的军队对敌作战，即使你打算用威严来压服他们，他们仍然会违抗命令；如果这时你用金钱收买他们，他们反而会心生怀疑。在这种情况下，你可以故意制造事端，惩罚某人，借以暗示警告那些不服命令的人。警告不服从命令的人，从另一个角度诱导他们，这大概是以强悍凶险来逼迫他们。这是调兵遣将的好办法。

解析

"指桑骂槐" 表面上是指甲骂乙、指东骂西，但运用到军事上，则是指一种杀一儆百、杀鸡儆猴的谋略，利用它来保证号令统一、军纪严明，以提高部队的战斗力。严格地说，作为一个德信双全的军事指挥员，必须严明法纪、雷厉风行，为了突出这一点，可以抓住一两个负面典型，从严处理，为的是让全体将士引以为戒，达到敲山震虎的目的。

相传春秋时期，吴王阖闾读了大军事家孙武的著作《孙子兵法》，立刻心生崇敬，召请孙武入朝相见。吴王见了孙武十分高兴，有意试探一番，便说："你的兵法果然精妙绝伦，但不知用在宫女身上也十分见效吗？不如先生现在就用宫女进行一场演练，好让我们大开眼界啊！"于是孙武便答应了。

不过，宫女们哪里懂什么行兵布阵，这些柔柔弱弱的女子一到了校军场上，看见那旌旗招展、战鼓排列甚是新奇，于是只顾着东瞅西瞧、叽叽喳喳地嬉笑着，一点也不认真。孙武下令将 180 名宫女编成两队，还命令吴王的两个爱姬作为队长。这两个爱姬哪里见过这阵势，只是觉得好笑，好不容易才将叽叽喳喳说闹个不停的宫女们排成了两队。

孙武开始十分耐心、认真地向这些宫女讲解操练要领。不过等交代完毕，竟立马换了一副嘴脸，十分严肃地说："练兵可不是儿戏！大家一定要听从命令，不得马虎嬉闹，如果谁违犯军令，一律按军法处置！"说着还命人在校军场摆下刑具。

然而宫女们认为自己只是来玩一玩，却碰到这么一个老古板，心里十分不服，便想捉弄一下他。这时，孙武命人擂起战鼓，开始操练，然后发令："全体向右转！"结果宫女们一个也没有动。孙武并不生气，说道："没有把动作要领交代清楚，这是我的错！"于是他又详细地讲述了一遍动作要领，最后问道："大家都明白了没有？"宫女们齐声回答："明白了！"

于是，鼓声再起，孙武发令："全体向左转！"结果宫女们仍然一个未动，只是一个个笑得前仰后合，比之前更厉害了。吴王见此情景，心中还觉得十分有趣，心想：你孙武再大的本领，也无法让这些美女们听你的调遣。

这下，孙武沉下脸来说："动作要领没有交代清楚，是我之过，交代清楚了，而士兵不服从命令，这是士兵之过。按军法，违犯军令者斩，队长带队不力，应先受罚。来人，将两个队长推出去斩首！"吴王一听，慌了手脚，急忙派人对孙武说：“将军确实善于用兵，军令严明，吴王十分敬佩。这次，就请放过吴王的两个爱姬吧！”孙武回答道：“将在外，军令有所不受。吴王既然要我演习兵阵，我就应该不负众望，按军法规定操练。”于是，两名爱姬被斩首示众，其他宫女则被吓得魂飞魄散。当孙武命令继续操练时，大家按规定动作，一丝不苟地完成了操练任务。

吴王虽然因失去了两名爱姬而感到不悦，却也真实体会到了孙武治兵的才能，于是以孙武为将，最终使吴国挤进强国之列。

很多时候，我们会因为环境、身份、理解等多种因素的限制，而不能大展身手做想做的事。比如想骂某人，却又不便于直接骂，于是只能通过另外找个对象来骂，让被骂者得到警戒，这样一来，被骂者明明感到挨骂，却因为对方并没有指名道姓，也找不到任何回击的把柄，即便气得咬牙切齿也无法站出来还击。“指桑骂槐”既能达到骂人的目的，又能避免正面冲突。

孙武“指桑骂槐”的目的有二。其一警告吴王一个道理，即治兵需要严明，不是儿戏，拿宫女们来做演练，这件事本身就是错的。宫女是宫女，怎么能拿来充当士兵，但既然吴王让他把宫女当成兵来治理，那么他就不能对宫女心慈手软。一旦她们犯了错，他必须按照军法处置，即便吴王出面干涉也不行。结果，孙武果然杀了那两名姬妾，表面上孙武是在教训这帮宫女，其实是在教训吴王。其二，孙武要在吴王面前展现出自己治兵的严明和才能。既然宫女不听话，那么他就上演一出“杀一儆百”的好戏，即告诉这些宫女，孙武不是闹着玩的，她们必须乖乖听话，否则即便是吴王的爱妾，他也敢军法处置。果然，宫女们被孙武制服，从而也得到了吴王的赏识和敬佩。

“指桑骂槐”不但适用于己方军队，也适用于敌方军队。在面对弱小的敌人时，智慧的指挥者常常找借口对对方实施警告，或采取较为强硬的态度对其加以诱迫和震慑，这样一来，既能避免直接的武力就往往能使对方降服，也能有效瓦解其反抗行为。

对待部下恩威并重、刚柔相济，是为将的基本道理。毫无军纪的乌合之众固然一触即溃，但如果只是一味严苛寡恩，也难做到让将士听从。所以，指桑骂槐得以实施必须要有前提条件，最起码你要有一定的是由可以借题发挥，切忌不可无缘无故地大发淫威。这个事情可以是偶然事件，如果实在找不到也可以自己炮制。当然，自我炮制的过程中不能露出痕迹，否则只会起到反效果。另外，在实施惩戒的时候要把握尺度，点到为止，不能伤人过深，否则会使将士离心离德。最重要的是“骂”要骂到点上，不要你骂了半天，对方却听得一头雾水，不知道自己哪里错了。

在现实生活中，我们可以设身处地地想一下，是不是都不喜欢让别人指着鼻子数落个没完。这是因为人都是有尊严的，都有一个面子问题。如果双方针锋相对，直指对方的错误，很容易将矛盾激化，本来只是一点小事，结果演变成不可化解的仇恨，招致杀身之祸。所以，当我们对某人的行为不满，但又缺乏直接的证据时，不妨试一试“指桑骂槐”。这样的警告往往能阻止对方的行为，而又避免了直接冲突，既保护了自己，又含蓄地彰显了你的实力，起到一个震慑力作用。

另外，还需注意的是，“指”的对象要找对。如果“桑树”找得不对，你毫无理由地朝着人家大骂一通，肯定会把人家惹怒，而且也起不到“骂槐”的目的。那么，什么样的“桑树”才符合条件呢？当然是找一棵跟“槐树”犯有同样错误的“桑树”，才可达到良好的效果。

第二十七计　假痴不癫

原典

宁伪作[1]不知不为，不伪作假知妄为[2]。静不露机，云雷屯也。

假作不知而实知，假作不为而实不可为，或将有所为。司马懿之假病昏以诛曹爽，受巾帼[3]、假请命以老蜀兵，所以成功。姜维[4]九伐中原，明知不可为而妄为之，则似痴矣，所以破灭。兵书云："故善战者之胜也，无智名，无勇功。"当其机未发时，静屯似痴；若假癫，则不但露机，则乱动而群疑。故假痴者胜，假癫者败。或曰：假痴可以对敌，并可以用兵。宋代，南俗尚鬼。狄青征侬智高[5]时，大兵出桂林之南，因佯祝曰："胜负无以为据。"乃取百钱自持，与神约"果大捷，则投此钱尽钱面也"。左右谏止："倘不如意，恐沮师[6]。"青不听。万众方耸视，已挥手一掷，百钱旨面。于是举兵欢呼，声震林野，青亦大喜；顾左右，取百钉来，即随钱疏密，布地而帖钉之，加以青纱笼护，手自封焉。曰："俟凯旋，当酬神取钱。"其后平邕州还师，如言取钱，幕府[7]士大夫共祝视，乃两面钱[8]也。

注释

①伪作：装作，假装。

②不伪作假知妄为：不假装聪明而任意妄为。

③巾帼：指女人的首饰、衣物。

④姜维：诸葛亮死后，由姜维统领蜀国军队。

⑤狄青征侬智高：指狄青打败占据广源州、建立南天国的蛮夷侬智高之事。狄青，北宋著名将领。

⑥恐沮师：恐怕会使全军士气下降。

⑦幕府：指军用的帐幕。

⑧两面钱：指正反面图案相同的钱。

译文

宁愿装作什么都不知道也不行动，也不假装聪明任意妄为。不动声色却暗中谋划，就像屯卦所说，雷电隐藏在云中蓄势待发一样。

假装什么都不知道，实际非常清楚；假装不愿做一件事，实际上是条件不允许，或者等待时机成熟了再去做。三国时，司马懿假装衰老昏庸最后却趁机杀死曹爽。他又接受诸葛亮送来的女人首饰、衣物，宁愿受辱也坚守不出，借以拖得蜀军疲惫不堪，因此大获全胜。姜维九次率兵讨伐中原，明知这样做不行而偏要轻举妄动，可就真是个大傻瓜，所以他遭到失败是必然的。

《孙子兵法》说："善于作战的人最大的优点就是从不为显示自己的

智谋而争着出名，也从来不炫耀自己的勇敢与战功。”战机未到时，沉着冷静得像个呆子；如果假装癫狂，沉不住气，则不仅暴露战机，而且胡乱的行动会引起众军猜疑。所以，看似呆傻的人会取胜，癫狂乱动的人会失败。有人说：“假装呆傻既可以对付敌人，又可指挥控制自己的部队。”

宋朝的时候，南方人崇拜鬼神。大将军狄青领兵讨伐侬智高之时，来到了桂林南部，于是他佯装祭拜鬼神，说道：“这次出兵，不知胜败如何。”这时，他手拿百枚钱币，向鬼神许下心愿：“我把这些钱币抛向空中，如果落地时钱面都朝上，就说明老天会让我获胜。”身边的官员劝告他：“如果不成功，恐怕会让全军士气大降。”狄青没有听从他们的劝告。大家都看着他，只见他把手中的钱币往上一抛，落地时果然都是钱面朝上。于是全军上下大声欢呼，声音震透林野。狄青大喜，让身边的侍卫用百个钉子依照钱币分布的疏密，一一钉在地上，并亲自用青纱封住，说：“待大军获胜归来之时，我们一定要好好酬神，把钱币取回。”不久之后，狄青平定邕州归来，并按照当初的约定把钱取回。幕僚们一看，原来所有的钱币正反面都相同。

解析

“假痴不癫”就是一种麻痹敌人、待机破敌的军事策略。表面上装傻装糊涂，实际上却清楚明白，假装不行动、不作为，实际上是在暗中策划等待时机。三国时期的司马懿就曾以“假痴不癫”一计夺取了魏国的兵权。

当时魏明帝去世，由年仅八岁的曹芳即位，幼帝登基，自然就有辅政大臣，事实上辅政大臣就是朝政的实际掌舵者。明帝遗诏，命太尉司马懿和大将军曹爽共同辅佐政权，曹爽是宗亲贵胄，飞扬跋扈，怎能容得下司马懿这个异姓分享权力。于是，在朝堂上，曹爽明着抬举司马懿，册封他高贵的头衔，实际是明升暗降，将司马懿手中的兵权夺了去。

司马懿乃三朝元老，曾在战场上立下赫赫战功，如今却大权旁落，心中十分怨恨。可是曹爽的势力比他强大，他也不能上去硬拼，思来想去，司马懿想到一出妙计。第二天，司马懿便开始称病不再上朝，这下曹爽高兴坏了，恨不得司马懿赶紧病死才好。不过曹爽也不糊涂，司马懿好好的怎么说病就病了呢？于是，不放心的曹爽便派亲信李胜去司马家探听虚实。

司马懿当然是装病，但他猜到曹爽会有这一招，因此早有准备。当李胜被带到司马懿的卧房时，果然看到司马懿满面病容，头发散乱，奄奄一息地躺在床上，旁边还有两名侍女进行服侍。李胜故意上前深深作了一个揖，一边查看司马懿的病情，一边说道："好久没来拜望，不知您竟病得这么重。现在我被任命为荆州刺史，特来向您辞行。"司马懿假装听错了，气息微弱地说道："并州是要地，一定要抓好防务。"李胜忙纠正说："是荆州，不是并州。"谁知司马懿依然装作听不明白。这时，又来了个侍女来给他喂药，只见司马懿连吞咽都很艰难，汤水直从口中流出。最后，司马懿好不容易喝完了药，却似乎用尽了浑身的气力，说道："我已命在旦夕，我死之后，你一定要帮我转告大将军，麻烦他要多多照顾我的孩子们!”

李胜回去立刻将自己亲身所见汇报给了曹爽。曹爽听了喜不自胜，说道：“只要老头一死，我们就可以高枕无忧了。”于是，便放松了对司马懿的戒备。

不久，天子曹芳要去济阳城北扫墓祭祖，曹爽则带着他的三个兄弟和亲信护驾出行。司马懿听到这个消息后，认为时机已到，马上调集家将、召集老部下，乘曹爽扫墓之际迅速占据了曹氏兵营，然后进宫威逼太后，在太后面前历数曹爽的罪过，要求废黜这个奸贼。太后无奈，只得同意，司马懿于是又派人占据了武库。

等到曹爽闻讯赶回城时，发现大势已去。司马懿以篡逆的罪名，诛杀曹爽一家，从此独揽大权，曹魏政权实际上已是有名无实。

“假痴不癫”重点在一个“假”字。“假”，就是假扮、伪装，装聋作哑，表面上看痴痴呆呆，其实内心里却特别清醒。用在政治谋略上，这就是韬光养晦之术。当形势不利于自己的时候，借表面上装疯卖傻来给人以懦弱无能的印象，以便掩盖自己的才能和政治抱负，等到时机一到，便如猛虎出笼一般疯狂打击敌人，从而实现自己的抱负。

“假痴不癫”还是一个对耐性的考验。要说耐性，没有人能比得上刘备。刘备出道并不晚，而且很早就同关、张二人结拜为兄弟，这都表明刘备的野心，他是要在这乱世闯出一片天地的。然而，刘备时运不济，虽然早有夺取天下的抱负，怎奈力量薄弱，根本无法同曹操抗衡，结果还曾落在曹操的股掌之中，受制于人。但刘备的耐性却是无人能敌的，受困于曹操的时候，刘备每日只是饮酒、种菜，丝毫不问世事。

这天，曹操请他喝酒，席上曹操问刘备谁是天下英雄，刘备于是列出几个名字，却全都被曹操否定了。沉默片刻后，曹操突然说道："天下的英雄，只有你我两个人而已！"一句话说得刘备心里一惊，难道自己的心思全都被曹操洞察了？结果受惊手一松，筷子掉在了地上。幸好此时一阵雷鸣，刘备借机慌忙遮掩，说自己被雷声吓得竟掉了筷子。曹操见状，大笑不止，心里嘲笑刘备连打雷都害怕成这个样子，恐怕有野心也成不了气候，于是慢慢对刘备放松了警惕。后来，刘备终于得到一次机会，以截击袁术为名逃之夭夭，从此摆脱了曹操的控制，果然干出了一番事业。

要想成功实施"假痴不癫"这一计谋，那么一定要做到以下两点。其一，要不露玄机，也就是把内心的真实想法隐藏起来，不让人知道。只有这样，才能保护好自己以等待时机成熟。如果在时机不成熟的情况下就过早地暴露自己的意图，那么还没等你有什么作为就已经成为敌人的俎上之肉。刘备虽然身在曹营，曹操却不明白其真实的想法，这才以煮酒论英雄来借机试探。刘备何等谨慎，受惊吓掉下筷子，又恐对方起疑，连忙以雷声遮掩，最终让曹操放心，并找到机会逃出曹营。

此外，想要更好地隐藏自己，就要会做假。比如，本来十分有秩序的样子，却故意表现出混乱的样子；本来衣食无忧，却露出饥寒交迫的模样；本来准备充足，却表现出毫无防备的样子；本来兵马众多，却表现出兵马匮乏的模样……以这样的假象麻痹对方，从而获得时机。

军事上，“假痴不癫”不但可以麻痹敌人以待机破敌，还可以作为“愚兵”之计来治军。北宋大将狄青征伐壮族首领侬智高时，遇到困难重重，将卒于是怨言载道，认为此行恐怕凶多吉少。为鼓励兵士斗志，狄青想出一个绝妙的办法，他取出一个个铜钱，放在手掌心上，口中念些咒语，对天祝愿道：“此次用兵如能取胜，这些铜钱落到地面，都要正面朝上。”当时左右随从都劝阻狄青不要投下这些钱币，以免不能朝上反而动摇军心。狄青不听劝阻，一定要投钱。说时迟，那时快，只见狄青将手一挥，100 枚铜钱纷纷落下，再定睛一看，清一色正面朝上落地。众人见了，目瞪口呆，几秒钟后，欢呼之声响震山林旷野。狄青也装出一副惊喜之色，忙命左右随从取出 100 个钉子，将落地铜钱就地钉住，又罩上青纱笼，由狄青亲自上封，然后对将士们说：“等凯旋班师，再到此地拜谢神灵，取走这些钱币。”

后来，狄青军队果然大获全胜。班师回朝时，狄青部队又经此地，于是拔下钉子，收取钱币，这时大家才发现这些铜钱两面全都是正面的花纹。众人这才知道中了狄青的计，但同时又无不佩服狄青的智谋。

狄青以两面都是正面的钱来装神弄鬼，虽然骗了大家，却是为了借助神灵的名义鼓舞大家的士气，果然，这方法是奏效的，本来士气不高的军队受到鼓舞后士气大振，一举破敌。

将“假痴不癫”之计用于商业经营中，即经营者为了掩盖自己的真实企图，常以假痴来迷惑众人。一个人想以两万美元的价格卖出一辆汽车，信息一经发出，许多人便前来看货，其中一位愿意以 1.85 万美元的价格成交，并可以先支付 300 美元的预付金，于是卖主接受了，再不接待其他买主。然而一连等了好几天后，买主才来，并遗憾地说家人不同意，所以实在没办法买车了。同时，他还提到自己经过一番调查发现这辆车的实际价值只值 1.4 万美元。卖主听了十分气愤，因为这几天来他已经拒绝了其他买主；同时卖主也在担忧一个问题，或许市面上的价格确实如对方所说，只值 1.4 万美元。结果思量再三，卖主还是以低价将汽车卖给了对方。其实，这个卖家就是中了对方的“假痴不癫”之计。表面上看买主很傻，没怎么讨价还价就将价格定下来，还预付了订金，实际上他却以一个待议的假价消除了同行的竞争，当取得了购买权后再正式讨价还价。

第二十八计　上屋抽梯

原典

假之以便[①]，唆之使前[②]，断其援应，陷之死地。遇毒，位不当也。

唆者，利使之也。利使之而不先为之便，或犹且不行。故抽梯之局，须先置梯，或示之以梯[③]。如：慕容垂、姚苌诸人怂秦符坚[④]侵晋，以乘机自起。

注释

①便：这里指破绽。

②唆之使前：诱导敌人进入我方设下的埋伏。唆，诱导。

③“故抽梯之局”句：“上屋抽梯”的计策，就是先把梯子准备好，或者让对方看到梯子。

④符坚：秦国皇帝，最初治国之时尽心尽力，但在“淝水之战”大败后，就丧失了斗志，最后弄得国家覆灭被杀。

译文

故意让敌人看出一些小破绽，误导其进入我方阵营，然后趁机斩断敌人的前应和后援，使其前后都无路可走，陷入绝境。就如噬嗑卦所说，吃了抢来的肉致使中毒，敌人贪图不属于自己的好处，终将受灾祸所累。

唆使，就是用好处去引诱别人。但如果只用利益引诱而不把破绽暴露给敌人，那么敌人可能会因犹豫不决而不中我方计策。所以，凡采用“上屋抽梯”之计，必须先准备好梯子，或让对方知道有上屋的梯子。如：秦国大臣慕容垂、姚苌等人鼓动秦国皇帝符坚讨伐东晋，以便自己趁此机会雄起。

解析

当我们与敌人僵持不下，又无奈需要速速决一死战时，那么不妨使出一招“上屋抽梯”，诱敌深入，断其后路，让他进退维谷，只能任你摆布。诸葛亮是用兵的高手，却也曾中了此计，可见此计高深莫测，屡见奇效。

东汉末年，荆州刺史刘表独居一方，刘表有两个儿子，大儿子刘琦与次子刘琮。刘表因刘琦的相貌与自己相像而十分偏爱刘琦，但刘琦的继母却偏爱刘琮，她怕刘琦将来威胁到刘琮的地位，便常常背地里跟刘表说刘琦的坏话。刘琦在家中日益遭受排挤，料想必定有一天会遭人陷害，便向当时屯守新野的刘备求救。刘备便为刘琦指出一条明路，让他求助于足智多谋的诸葛亮，怎知诸葛亮几次三番地借事推脱。

这天，刘琦邀请诸葛亮到他家中阅览罕见兵书。不料等诸葛亮到了刘琦家中后，刘琦又哀求诸葛亮说：“继母屡次设法陷害我，不置我于死地不会罢休，我的处境十分险恶，如果先生不出手救我，恐怕我迟早被人害死啊。”诸葛亮依然推脱说：“此事离间母子之情，如今我替你出谋划策，将来他人知道了就会落人以柄。”

刘琦见诸葛亮依然无动于衷，便竭力邀请诸葛亮进入密室之中，一边饮酒，一边仍缠着诸葛亮不放。刘琦见再三恳求也无果，便转移话题，对诸葛亮说：“我的卧房楼上藏有一部兵法古籍，我得知先生酷爱兵法，愿意将此书借予先生浏览。”诸葛亮一听有兵法古籍观赏，十分高兴，便跟随刘琦登上了一间阁楼。到了楼上，只见四壁皆空，不见任何藏书踪迹，便问刘琦书在何处。只见刘琦双膝下跪，泪流满面地请诸葛亮原谅，并承认自己实在出于无奈才把诸葛亮骗上楼来，请求诸葛亮务必给他指出一条生路，以挽救自己的性命。诸葛亮听了埋怨刘琦不该欺骗自己，便转身要下楼，这时才发现楼梯已经被人抽走。

刘琦跪在诸葛亮跟前哀求道：“先生最担心事情泄露，如今这里上不着天下不着地，出君之口，入琦之耳，再没有第三人知晓，您可以放心赐教了。”说着更是拔出宝剑以自刎相要挟。诸葛亮见状，甩了一甩袖子说道：“也罢！我就给你指出一条活路。”诸葛亮跟刘琦耳语一番，叫他借鉴历史上“申生在内而亡；重耳在外而安”的经验，利用黄祖新亡，江夏一时无人守御的机会，向刘表上奏请求屯兵江夏，如此便可离开继母，脱离危险了。

刘琦听了拜谢诸葛亮，便按照诸葛亮的谋略行动，果然一直相安无事。后人见刘琦计谋高深，更把诸葛亮这个计谋祖宗给套住了，于是便将此计叫作“上屋抽梯”，更把它用于军事斗争中。

在军事中，“上屋抽梯”是一则诱敌深入之计，即利用某种小利引诱敌军，使其进入我方设置的圈套中，并暗中截断其援兵和退路，然后再加以围歼。此计的重点在于一个“诱”字，一般敌人是不会轻易上当的，所以必须想方设法让敌人自己主动上当，而你只需在适当的地方放上一把梯子即可。等敌人登梯上楼之后，马上扯掉梯子，这样就能将其纳入股掌之中，任你摆布。

当然，“上屋抽梯”之计是有前提的，首先你要善于示弱，你的示弱往往能激起敌人骄傲自大的情绪，从而放松警惕。示弱完全可以通过虚假、谦卑的军事调动或外交辞令来表达。为了达到这个目的，你甚至可以故意打败仗，让敌人乘胜追击，不过这也需要高明的演技，否则败象太假就会引人怀疑。著名的《曹刿论战》中，曹刿等齐军三次击鼓之后才冲锋，齐军败退之后，还要亲自下车查看敌人败逃时的车印是否凌乱，再观察对方的军旗是否还在，这就是为了避免中敌人的诱敌之计，可见诱敌深入的可怕。

“上屋抽梯”之计并不是对所有人都有效，就拿诸葛亮来说，表面上看诸葛亮是中了刘琦的诱敌之计，但其实是刘琦反中了诸葛亮的计中计。从一开始，诸葛亮就是在演戏，他先是对刘琦的请求不管不问有两个目的：其一，他要将这个好人送给刘备，让刘琦记着，我诸葛亮不是那么好说话的，相反刘备却是个心慈仁义的主公；其二，他要刘琦明白，这件事本是你家事，外人不好过问，是你刘琦逼我才不得已帮了你。其实诸葛亮早就明白，刘琦要想活命就只能效仿重耳，离家远远的，占据一个易守难攻的小地盘就好了。但如果直接告诉刘琦，这无异于让他放弃储嗣之争；而对于刘琦继母那边来说，更会记恨诸葛亮多管闲事。这个事实在是个两边不讨好的工作，为以防授人以柄，落下口实，诸葛亮只能假装被动。让刘琦明白这两点之后，诸葛亮只需“坐以待毙”就好，因此他是故意上了刘琦的当。

其实，诸葛亮大可以对刘琦不管不顾就好了，为什么最后还是选择帮他呢？除了为刘备收买人情，还有重要的一点，就是在刘琦身上埋下一个伏笔。诸葛亮为什么让刘琦吞并江夏呢？江夏地方虽小，却是个军事要地，易守难攻。将刘琦安放在那里，对刘备以后攫取荆州有利而无一害。事实证明，诸葛亮的决定是正确的，刘琦驻守江夏曾两次救了刘备的性命。只是不到一年，刘琦就英年早逝，临终之时到底感念刘备之恩，而将荆州托付给了刘备。

诱敌之计并不是针对所有人都适用的，一般说来，容易诱骗的对象有四种人：一是贪而不知其害者；二是愚而不知其变者；三是急躁而盲动者；四是情骄而轻敌者。诸葛亮均不在这四种人之列，所以刘琦才会中了诸葛亮的计中计。

对于不同的人要放不同的饵，这跟钓鱼是一样的。在下钩之前，往往要考虑鱼爱吃什么。草鱼爱草，那么就下草饵；青鱼爱田螺，那么就下田螺肉；鲫鱼爱蚯蚓，就下蚯蚓。所以，要想诱敌，要知道敌人爱什么，对于生性贪婪的敌人，以财物为诱饵；对于放荡好淫的敌人，以美色为诱饵；而对好大喜功的敌人，以示弱为诱饵……只有投其所好，才能诱敌上钩。

第二次世界大战之后，石油供应成了世界所需，因此掀起了一股石油热，很多人都去沙特阿拉伯地区为购买原油而讨价还价。在这场混战中，格蒂却看中了一处无人问津的土地，因为沙特国对这块地的出油把握不大而始终没有进行开采。

格蒂想，每天为原油价格讨价还价不如自行取得石油开采权，到时候想订什么价格都是自己说了算。于是，格蒂决定在这块地上赌一把，便去见了沙特国王表明自己想要购买这块地的永久开采权。格蒂先是开出了这样一个条件："我可以先将 800 万美元的定金献给国王，再付给沙特政府 950 万美元的现金。今后，就算这块土地开采不出石油，我每年也都会支付给贵国 100 万美元。当然，如果能采出石油，我每桶所支付的开采费是其他公司的 1.5 倍。"听到这样诱人的条件，沙特国王当然十分乐意，何况那块地究竟能不能开采出油还尚未知晓，但他贪婪成性，岂能放过这次机会，于是提出开采权的问题还得通过国会商议。

格蒂早就料到这一步，于是他又提出一个诱人的条件，即为沙特王国人民修建几项永久性的社会设施，还为当地的技术人员提供培训。沙特国王听了，立即答应下来，公开宣布将永久的开采权给了格蒂。不久，格蒂的第六口井，终于在3482英尺深处发现了含油沙层，这一消息一经公布，格蒂公司的股票就从23美元翻到47美元，净挣10亿美元。从此，格蒂在沙特地区开采的原油源源不断地输送到美国，成为名副其实的石油大王，其名声甚至超过了洛克菲勒家族、杜邦家族以及肯尼迪家族。

格蒂的成功在于两次成功的“利诱”上，先给出一个合适的定金价格，这便是“假之以便，唆之使前”；接着，他见沙特国王仍有些犹豫，便又提出一个技术上的扶持计划，国王最终动了心，这便是“断其援应，置之死地”，让国王再没有去商议讨论和反悔的余地。这也是“上层抽梯”之计的成功使用。

第二十九计　树上开花

原典

借局布势[1]，力小势大。鸿[2]渐于陆，其羽可用为仪也。

此树本无花，而树则可以有花。剪彩贴之[3]，不细察者不易觉。使花[4]与树交相辉映，而成玲珑全局也。此盖布精兵于友军之阵，完其势以威敌[5]也。

注释

①借局布势：利用别人的力量壮大自己的声势。

②鸿：大雁，鸿雁。

③剪彩贴之：把彩绸剪成的花贴在树枝上。彩，指彩色的绸子。之，指树枝上面。

④花：假花，指用彩绸剪的那些花朵。

⑤威敌：震住敌人，威慑住敌人。

译文

借助他人的力量壮大自己的声势，力量虽小但气势宏大。就如同渐卦所说，飞翔在天空中的大雁群，其丰满的羽毛组成了宏大的阵势。

这种树本来不能开花，但可以人为地让它开花。把五彩绸绢剪成花朵粘在枝上，如果不仔细察看就不容易发觉。让美丽的假花和真树交相辉映，可造成一个以假乱真、真假莫辨的局面。这里是指把精锐兵力布置到友军的阵地上，虚张声势，完全可以威慑敌人。

解析

树本来没有开出花朵，却通过精心地伪装，让它看上去开着花。这就是三十六计中的"树上开花"，指制造假象，用来迷惑敌人。所谓"善战者，求之于势"，要想战中取胜，一定要在声势上盖过对方。当年张飞单枪匹马于长坂坡一声大吼，竟吓退了曹操追兵，正是胜在了声势上。

大家都知道张飞是一员猛将，却不知他也是个有勇有谋的大将。刘备借刘表之光留在了荆州，但他毕竟势孤力薄，面临曹操的猛烈攻击，刘备只能慌忙退守江陵。当时老百姓不舍刘皇叔，硬要跟着他走，刘备不忍抛下一方百姓，便带着百姓一起撤退，但这就大大降低了行军速度。曹兵追到当阳，与刘备的部队大打了一仗，刘备败退，他的妻子和儿子都在战乱中被冲散了。张飞便让刘备先逃，而自己断后，阻截追兵。

可张飞身边只有二三十个骑兵，怎么敌得过曹操的千军万马。千钧一发间，张飞临危不惧，立刻命令所率的二三十名骑兵藏到林子深处，又让他们砍下树枝绑在马后，骑马在林中飞跑打转。张飞一人则骑着黑马，横着丈八蛇矛，威风凛凛地站在长坂坡的桥上。

当曹兵赶到，见张飞独自骑马站在桥上，好生奇怪，再看桥东树林里尘土飞扬。追击的曹兵于是停止前进，认为此事蹊跷，树林之中必有诈。这时，张飞见曹兵已心生惧意，突然一声长吼，吓得曹兵调转马头撤退了。就这样，张飞以一计"树上开花"，仅仅以二三十名骑兵便吓退了曹操的千军万马。

这种以假乱真来制造声势迷惑敌军的招数在历史上数不胜数。战国中期，著名的军事家乐毅率领燕军攻打齐国，连连攻下 70 座城池，最后只剩下褛莒和即墨这两座城。乐毅乘胜追击，立即将这两座城池围困，齐国拼死抵抗，燕军久攻不下。

树大招风，功劳大了便容易遭小人嫉恨，很快就有人在燕王面前给乐毅进谗言，说乐毅不是燕人，不可能真心为燕，不然两座城为何久攻不下。当时燕昭王并没有将这话放在心上，但很快燕昭王过世，惠王一继位就派亲信骑劫取代了乐毅的位置。乐毅知道新王登基，忌惮自己功高盖主，于是便逃回了赵国老家。

齐国的守将田单这下高兴了，他深知骑劫并不是将才，只要没了乐毅，燕军纵然强大也是破绽百出，只要用兵得当，一定能击退燕军。

田单立刻想到一招妙计，他命齐国军民每年饭前拿食物到门前空地上祭祀祖先。这样一来，成群结队的乌鸦、麻雀便赶来争食。城外燕军远远一看，觉得此番景象甚是诡异，这时又传来齐国有神灵相助的流言，看来果有其事。于是一时间燕军人心惶惶，十分混乱。

接着，田单又派人放出风声，说乐毅过于仁慈，因此军中上下谁也不怕他。如果燕军当时割下齐军俘虏的鼻子，那么齐人早就吓得弃城而逃了，战事就不会拖到现在了。骑劫听了觉得十分有理，竟真的命人割下齐国俘虏的鼻子，还挖了城外齐人的坟墓，结果骑劫这种残忍的行为激起了齐国军民的愤恨之情。

田单为了进一步迷惑骑劫，还派人送信给他，表示愿意投降。同时还派人伪装成富人，带着财宝偷偷出城投降。这下，骑劫简直确信齐国已经到了穷途末路，只等着田单开城投降。

田单见骑劫已经被自己精心布置的假象所迷惑，于是认为时机已到，可以进行反击了。但齐军毕竟人数太少，即使进攻也很难取胜。田单又想到了绝妙的一招，他把城中1000多头牛集中起来，在牛角上绑上尖刀，牛身上披上画有五颜六色、稀奇古怪图案的红色衣服，牛尾巴上再绑一大把浸了油的麻苇。然后，田单挑选了5000名精壮士兵，穿上五色花衣，脸上绘上五颜六色的颜料，让他们手持兵器跟在牛的后面。

到了晚上，田单趁夜静无人之时将牛从城洞中放出，然后点着拴在牛尾上的麻苇，结果牛受到惊吓，直冲燕国军营跑去。燕军根本没有防备，忽然见到这火牛阵势，以为齐国有神灵庇佑，一个个吓得魂飞天外，哪里能够还手。之后，齐军5000勇士手持兵器在牛群后面冲杀进来，砍死燕兵无数。骑劫也在乱军中被杀，燕军一败涂地。齐军乘胜追击，收复70余城，使齐国转危为安。

“树上开花”之计得以实施有三个要点。其一是“布势”。很多时候，人们往往会因为形式的浩大而忽略其内容的弱小。比如，田单就抓住了人们“迷信”的弱点而散布齐军有神助这种谣言，结果竟吓得燕军人心惶惶，反而忘记了齐军实力弱小这一事实。其二是“剪粘”。树上本没有花，但此时树上需要有“花”，那么就可以人为地做出一朵粘贴在树上，以假乱真。田单的第二手准备就是要营造一个虚假信息，使得骑劫上当，认为齐军就要投降了。结果，骑劫真的上当了，他先是相信了谣言而将齐国俘虏的鼻子砍掉，认为这样就能吓住齐军；接着他又亲眼见证齐国城内的富商弃城投降，于是便高枕无忧地等待田单大开城门迎接他的那一天。至此，田单的迷惑手段已经完成。

“树上开花”最后一个要点是“威敌”，这是最重要的一步，也是最终目的。田单又利用人们“迷信”的弱点，巧布火牛阵以震慑敌人，然后出奇兵打他们一个措手不及，最后取得胜利。

“树上开花”的精华在于一个虚张声势和巧妙伪装，这种伪装纵然不会对敌人产生真正的威胁，但足以起到让敌人在心理上受到威慑的效果。如果将这一计升华一下，那么还可以“借树开花”。当我们自己的树太弱小时，那么可以借别人的树来营造声势。这跟“借鸡生蛋”一样，拉拢一个有力的友军，从而借助友军的力量，实现自己原本不能实现的目的。有时候为自己营造声势的条件不允许，那么你大可以狐假虎威，跟强大的人一同前行，也能暂时对敌人起到一定的震慑作用。

在激烈的市场竞争中，需要靠打造声势来提高企业和商品自身的知名度，从而增强消费者对企业产品的信任感。此外，借助产品的规格、包装以及商店的装潢等都可以形成强大的声势，以提高竞争力，吸引消费者。其实这就是商业广告的作用。

19 世纪晚期时，美国有个大资本家古尔德几乎收购了除国库以外美国市场上的所有黄金，掌握了金价。然而，这还不能令他放心，因为国库还有不少黄金，一旦政府抛售黄金，金价势必下跌。

古尔德处心积虑，想到格兰特总统有个妹妹嫁给了柯尔平上校，柯尔平上校并不富裕。于是古尔德拉拢柯尔平上校，白白赠送给他 200 万美元的黄金股，只要黄金价格上涨，柯尔平每周就可以领到黄金股的涨价费，当然，若黄金下跌，柯尔平要做相应的赔偿。

柯尔平当然不希望黄金下跌，于是不用古尔德提醒就主动通过妻子劝总统不要抛售国库的黄金。过了一段时间，市面上黄金渐少，金价飞速上升。又过了一段时间，市面上竟无黄金供应，这立刻引起全美国人民的强烈反响。迫于舆论压力，格兰特总统决定抛售国库的黄金。柯尔平见总统心意已决，便马上将这一消息通知古尔德。古尔德于是指示柯尔平，一定说服总统，请他暂缓一天宣布。就在这最后一天里，古尔德用高价抛售出他手中所有的黄金，大赚了一笔。

古尔德就是个懂得借局布势的人，他拉拢总统的妹夫，其实是借助这一角色来稳住劲敌，从而投机取巧，取得决定性的胜利。不过，借势时应该时刻保持警醒，因为你在借助别人的时候，跟友军靠得太近了，应防备友军反咬你一口。

第三十计　反客为主

原典

乘隙[1]插足，扼其主机[2]，渐[3]之进也。

为人驱使者为奴，为人尊处者为客；不能立足者为暂客，能立足者为久客；客久而不能主事者为贱客[4]，能主事则可渐握机要[5]，而为主矣。故反客为主之局：第一步须争客位，第二步须乘隙，第三步须插足，第四步须握机，第五步乃成为主。为主，则并人之军矣[6]。此渐进[7]之阴谋也。如李渊书尊李密[8]，密卒以败；汉高视势未敌项羽之先，卑事项羽，使其见信[9]，而渐以侵其势，至垓下一役，一举亡之。

注释

①隙：本意为缝隙，这里指时机，机会。

②主机：指关键的地方，要害之处。

③渐：渐进之意。

④贱客：地位低下的客人。

⑤渐握机要：渐渐掌权之人。

⑥为主，则并人之军矣：成为主人，就能对他的部队随意下达命令了。

⑦渐进：即循序渐进。

⑧李渊书尊李密：李渊在书信中表示尊敬李密。

⑨使其见信：使项羽相信他。

译文

看准机会插足进去，然后抓住敌人的要害。就如渐卦所说，循序渐进，何时何地都会取胜。

被人所任意驱赶的是奴隶，被人尊重的是客人；不能站住脚的是暂时的客人，能够站住脚的是长久的客人；不能参与机要事件的是卑下的客人；利用各种机会参与其事，就可以逐渐掌握权力而变成主人。所以“反客为主”之计是：第一步要争得当客人的机会；第二步要善于抓住机遇；第三步要乘机插手进去；第四步要抓住事情的关键，控制关键部门；第五步就变成了主人。做了主人，当然可以领导他的军队了。这就是循序渐进反客为主的谋略。如：李渊在写给李密的信件中表达了对他的敬意，最后却将李密人等剿灭；汉高祖刘邦知道自己的势力不如项羽，就以卑下之态讨好他，等项羽完全相信他，对他毫无防备之时，就慢慢取得他的势力，垓下之战时，刘邦不费吹灰之力就打败了项羽。

解析

在军事上，反客为主，是一种努力变被动为主动，争取掌握战争主动权的谋略。本计一般多针对盟友，即借助援助盟军的机会，先在盟军军队中站稳脚跟，然后尽量想办法钻空子，步步为营，控制它的首脑机关或者要害部位，抓住有利时机，兼并或者控制他人，成为真正的主人。

三国时期，计谋迭出，人人尔虞我诈，防不胜防。袁绍和韩馥曾是一对共患难的朋友，年轻时曾一起讨伐过董卓。后来，袁绍屯兵河内，随着势力的逐渐扩大，袁绍的野心也就更大，有意向外扩张势力范围。然而，袁绍却面临着一个严重的问题——缺乏粮草。巧妇难为无米之炊，粮草不足，说什么都是白费心机。当时，身为冀州牧的老友韩馥得知袁绍的难处后，主动派人送去粮草，以解燃眉之急。

不过袁绍对此不但不予以感谢，反而萌生了邪恶念头。他认为与其等待别人送粮草，不如整个夺取被称为天下粮仓的冀州。虽然老友韩馥是冀州牧，但袁绍已经顾不了那么多了，马上开始施计布阵，以取得冀州。

袁绍先给公孙瓒去了一封信，信中建议其与他一起攻打冀州。公孙瓒早就想找个名头攻占冀州，如今袁绍提议，正中他的下怀。于是，公孙瓒立即下令整军待发，准备攻打冀州。

同时，袁绍又暗地派人去见韩馥，故意透露给韩馥说公孙瓒打算联合袁绍攻打冀州的消息。然后，那人再对韩馥说："听说袁绍过去与你是老朋友，而你最近还送过粮草给他。你为什么不联合袁绍，一同对付公孙瓒呢？让袁绍进城，冀州不就保住了吗？"

韩馥一时也想不出其他办法，只得邀请袁绍带兵进驻冀州，以恫吓公孙瓒。然而，韩馥不知道袁绍的真实目的，请来袁绍实际上是引狼入室。表面上看，这位请来的客人对韩馥尊重有加，其实暗中渐渐将自己的部下亲信一个一个像钉子一样扎进了冀州的要害部位。直到最后，韩馥才清楚地认识到，自己这个"主人"早就被"客人"取而代之了。为了保全性命，韩馥只能弃城而逃，袁绍自此成为冀州真正的主人。

"反客为主"之计需要精心算计，步步为营，一点也不能着急。第一步要争客位，如果对方没有意图邀请你作客，那么你就要制造事端，让对方不得不邀请你作客。在这方面，袁绍布局巧妙，做得非常到位。他为了让冀州牧韩馥邀他作客，故意放风说公孙瓒要联合袁绍攻打冀州的消息给韩馥听。韩馥必然仗着自己跟袁绍交情不浅而邀请袁绍入冀州，以防止公孙瓒的进攻。到此，袁绍争到客位。

第二步即乘隙插足。成为客人是计谋的第一步，接下来才是最紧要的事情，即步步为营，见隙插足。袁绍表面上对主人韩馥毕恭毕敬，实际上打着抵御公孙瓒的幌子将自己的亲信和部将全都安插在韩馥军营中的重要位置上。直到韩馥意识到袁绍已"反客为主"时，为时已晚，只能弃城而逃。

“反客为主”是个长期过程，是渐进的计谋，需要的是耐心和小心，需要走一步看一步，因此不能也不会很快见效，所以对施计人的耐心有严格的要求。首先要在态度上小心谨慎，施计人要赔尽笑脸，和主人保持亲密的关系，目的是为暗中的“挖角”行动进行掩护。另外，在行动上也要小心、隐秘，以免暴露动机。

在军事上，“反客为主”之计除了针对同盟者外，还可以针对敌军。当我方实力不够，处于被动地位时，是为“客”，这就需要运用计谋进行斗争，使我方逐渐变被动为主动，这也是“反客为主”。这个时候的“反客为主”，可以积极采取率先发动进攻的办法来争取主动。在军事上，一般表现为“先发制人，后发制于人”，只有先下手，压制住对手，才能有效地转变被动局面。

另外，首先挑起事端、发动进攻，深入对方阵前叫阵的为“客”，而在自己阵地上进行防御的为“主”。做“客”的远道而来，不仅会因为长途跋涉而疲惫不堪，还会因远离根据地而在粮草等物资供应上受到限制。而“主”方则以逸待劳，十分有利。这种时候，作为“客”方的我们就更需要反客为主了。可以考虑激将法来挑逗敌人率先发起进攻，而我们则变攻为守。这样一来，既达到了同敌人交战的目的，又能将不利条件转给对方，从而增加了制胜的有利因素。

在现代社会，更需要“反客为主”，不过这里的“反客为主”说的是一种积极主动、敢争敢抢的精神。例如，现代招聘，现在大学生毕业就面临失业，大学生就业难成了一个社会问题。然而问题的根源在哪儿呢?其实还在于一个“主客”的问题。在大大小小的招聘会上，用人的单位都是主人，他们都以十分挑剔的眼光选择人才；毕业生就成了客人，必须等待“主人”的挑选，听从“主人”的安排。毕业生在一开始就已经沦为了被动，当然就业难了。

针对这种情况，某大学广告系全体应届毕业生，一改以往的招聘形式，举行了一次“反招聘”活动，毕业生反客为主。活动是这样的，学校组织招聘活动，并向社会各单位分发招聘函，有招聘需求的便可以凭邀请函前来参加招聘活动。最终，该学校邀请到 40 多家用人单位前来招聘。

活动分为人才信息发布会和“反招聘”洽谈会两部分。在上午的信息发布会上，有意参加应聘的学生可以向全体用人单位一展风采，包括自我介绍、实习作品展示以及提出就业意向和条件。在下午的洽谈会上，用人单位向学生介绍单位各自的状况和人才需求信息。双方在自由、轻松的气氛中进行了长时间的交流和谈判，最终有不少学生与用人单位达成了就业意向。

按照以往的人才交流会，招聘模式其实十分简单，其实就是投简历，应聘者根本没有时间也没有机会同招聘单位正面接触和洽谈。一天下来，招聘单位甚至能收到成千上万份的简历，只能回去之后对简历进行筛选，然后再通知筛选出来的一小部分应聘者前来面试。面试又分为初始、笔试和面试几个步骤，每个步骤都要拖很长时间。假如应聘单位在外地，还要在路上花费很长时间。这样的招聘模式不但效率低下，最重要的是招聘单位单向选择的成分太大了，而且仅凭简历就淘汰很多人，这其中难免会埋没许多真正的人才。

所以，应聘者们需要这种“反招聘”的形式，这不但给应聘者更多的时间和机会去同招聘方了解和交流，效率也更高。招聘方反而也会节省不少精力和时间，而且更容易识别人才。“反客为主”之计使得主客双双受益，实在是高明。

其实在职场上，更需要变被动为主动的精神。一家公司同时提拔了两名中层干部 A 和 B，A 承担着比较重要一点的工作，B 承担的工作则相对轻松一点。于是，A 长久以来总是以领头羊的身份自居，每次汇报工作总把自己安排到最后一位。结果，每次等到他发言时，上级领导们都已经失去了耐性，有时候还没等他汇报完就离席，或者因时间不足而宣布散会了。每到这个时候，A 也就只能作罢。

B 则完全相反，他每个星期都坚持向上级汇报一次工作，并且主动要求办公室主任安排他首先汇报。期间，他不但谈自己的工作，还会将自己团队内的好人好事表扬一番。一年之后，领导们在评价两个干部的工作时，都一致认为 B 干了不少事，A 则无所作为，结果提拔了 B。

在这一争一让间，B 以“反客为主”实现了逆袭，而 A 则被甩在了后面。这就是在告诉我们，职场上积极主动的精神很重要。只要你觉得自己有本领和才能去做好这件事，那么就去主动争取。主动出击才有收获，才能在职位上捷足先登，这就是“反客为主”的精妙所在。

第六套　败战计

第三十一计 美人计

原典

兵强者，攻其将[①]；将智者，伐其情[②]。将弱兵颓，其势自萎。利用御寇，顺相保也。

兵强将智，不可以敌，势必事之[③]。事之以土地，以增其势，如六国之事秦[④]，策之最下者也。事之以币帛[⑤]，以增其富，如宋之事辽金，策之下者也。惟事之以美人，以佚其志，以弱其体[⑥]，以增其下之怨，如勾践以西施、重宝取悦吴王夫差，乃可转败为胜。

注释

①攻其将：对付敌人的将领。

②伐其情：摧毁敌方将领的意志。

③势必事之：意思是先顺着对方做事。

④六国之事秦：指六国屈服于秦国，并割地给秦国，秦国因此实力大增，灭六国统一天下之事。

⑤币帛：钱财和绸缎。

⑥佚其志，弱其体：使他的意志日渐消磨，使他的身体慢慢变弱。

译文

若敌我力量悬殊，就要先对付敌人的将领；若将领多谋略，就想办法摧毁他的意志。若将领失去斗志，其所率军队必然士气低下，那么敌人自然也就萎靡不振了。对付敌人的弱点，就能扭转战局，保全自己。

敌方强大而将帅足智多谋的，难以和敌人正面交锋，那就只能暂时顺应他。如用割让领土的做法笼络敌人，就会使敌人的势力更强大，这就是六国对秦国采用过的办法，是最下等的计策。拿金钱、绸缎来讨好敌人，就会使敌人的财富增加，像宋朝对待辽国、金国所做的那样，这是下等的计策。只有用美女迷惑住敌人的首领，消磨他的意志，消耗他的体力，并且能助长部下对他的怨恨，离间敌方内部的关系，这就像越王勾践用西施、重宝取悦吴王夫差那样，才能转败为胜，是上上之策。

解析

很多时候，那些通过军事行动难以征服的敌人，往往可以通过其他方式征服，比如“糖衣炮弹”，其中，美人计往往是糖衣炮弹中的一枚“重磅炸弹”，因为自古英雄难过美人关，喜爱美色是天下雄主们的共同天性。

春秋时期，越王勾践被吴王夫差所败，并被俘虏到了吴国。遭受到如此亡国之辱，勾践作为一国之君，早已无颜面苟活于世，但又想想这亡国之恨实在难消，于是为复国甘愿到吴王宫里为奴为婢。勾践百忍成金，为了消除吴王的戒心，在夫差面前卑躬屈膝、百般逢迎，甚至不惜为夫差充当马镫。越国又定期贿赂吴国大臣，结果君臣上下齐心骗取了夫差的信任，终于将勾践放回越国。

勾践得释之后，每天卧薪尝胆，提醒自己不忘雪耻。越国在饱受重创之后，一时半会儿间难以恢复国力，所以靠武力根本无法战胜强大的吴国。这时，大夫文种向勾践献上一计，他说："高飞之鸟死于美食，深泉之鱼死于芳饵。要想复国雪耻，应投其所好，衰其斗志。"这启发了越王勾践，他知道夫差好色，便亲自选拔了两名绝代佳人西施和郑旦，训练她们以歌舞、步履和礼仪。三年后，勾践认为她们已近完美，于是送给了夫差。夫差见两位美女有着沉鱼落雁之貌十分动心，于是并未怀疑就收下了。西施本就美若天仙，相传连蹙眉抚胸的病态都纷纷被人效仿。于是，夫差整日与美人饮酒作乐，还在姑苏大兴土木为西施建造欢宴的宫殿。西施擅长跳"响屐舞"，夫差就专门为她修筑"响屐廊"，即在数以百计的大缸上铺木板，西施穿木屐在上面翩翩起舞，脚腕上的铃声和大缸的回响声"铮铮嗒嗒"交织在一起，令夫差如醉如痴。

夫差贪恋女色一天比一天厉害，甚至不再过问政事。大臣伍子胥将这一切看在眼里，内心十分忧愤着急，多次劝谏夫差不要为区区女色消磨了英雄意志，更不能忽视了勾践，但夫差完全听不进去。夫差在西施的美色诱惑下，渐渐迷失了自己，更对勾践的忠心丝毫不疑。吴国在子贡的挑唆下准备对齐国发兵，勾践立刻表示要出兵帮助吴王伐齐。表面上，勾践是为了向夫差表忠心，实则是为了拖垮吴国国力。

伍子胥深知其中利害，便一力进谏。夫差不但不听，最后还逼死了伍子胥。公元前482年，吴国大旱，百姓民不聊生，夫差还打肿脸充胖子北上和中原各国会盟。勾践趁此时机突然伐吴，吴国终于被越国所灭，夫差最后羞愤自杀。自此，勾践的“美人计”才算大获成功。

爱美之心人皆有之，美的事物往往能愉悦人们的心灵，安抚人们的创伤，然而如果沉溺于此，终能乱人心性，消磨意志。“美人计”正是抓住了人类这一心理弱点而实施的迷惑之计，因此很早就被兵家所用。

当然，并非所有人对美的事物是毫无免疫力的，美人计用在战争中，绝非对任何人都有效。对于那些本身就行为放荡的好色之徒，美人计往往能有奇效。美人计的实质是作为一种糖衣炮弹去消磨敌人意志的东西，跟“金钱”、“财务”没有任何区别。所以，“美人计”不能单单从字面上理解，但凡那些可以用来使敌人贪图安逸享受、丧失战斗力的人或事物，都能被利用，只要是以使敌人精神涣散、意志消退为目的的手段都可以称为“美人计”。

汉朝从建国初始就一直笼罩在北方匈奴的阴影之下。一次，匈奴南下偷袭汉军，太守韩王信被迫投降匈奴。刘邦得知后，龙颜大怒，当下就率30万大军北上攻打匈奴。当时，刘邦见匈奴兵大多是老弱病残，他们手里所用的刀也都是锈迹斑驳的破刀，于是轻敌冒进，不料竟中了匈奴人的计。

当时汉军已经深入到了白登山周围，而匈奴40万大军正在此地埋伏，于是汉军立刻被围了个水泄不通，一连困在白登山上几天时间。眼看大军饥寒交迫，被消灭是迟早的事。这时，刘邦手下陈平不知从何处得来一副汉代美女图两人一经商议，立刻想到了破敌之策。

当即，陈平就带着这副美女图以及少数黄金前往匈奴阏氏的大营，送上美女图及黄金。阏氏是匈奴单于的正妻，相当于皇后，当她看了美女图后立刻惊艳了，原来中原的女子如此妖娆艳丽。这时，陈平又悄声说道：“要是单于打败了刘邦，入主中原，一定会娶中原的美女当阏氏，到时候恐怕您早已经被抛之脑后了。”于是，阏氏看了看美女图，把心一横，决定说服大王撤兵。当晚，阏氏来到单于大营，成功劝说单于撤军。就这样，陈平仅凭一张美女图智退匈奴 40 万大军。

在实施美人计时，应该注意以下问题。首先，要依照对方的喜好来物色美人。美并没有一个统一标准，人人对美的要求也不尽相同，美人首先要被对方悦纳才有可能发挥其巨大威力。

再者，要想让敌人悦纳，还需要巧设迷魂阵，引敌人入圈套。勾践之所以成功送去美人而不被怀疑，很大一部分原因在于他之前所做的努力。为了使夫差对他放下戒心，他不惜为夫差当牛做马，即使回国后也坚持定期送上金银财宝。正是在这种前提下，夫差才会欣然接受美人而没有丝毫怀疑。

最后，施计人一定要明白一点，美人只是用来迷惑敌人的东西，却无法决定最终成败，最终的胜利还必须要付诸武力。所以，在施计的同时，要不遗余力地积极创造或寻找时机发动武力进攻。

第二次世界大战期间，为了获得美国原子弹研究的最新进展，苏联派出美女间谍科涅库娃，她竟成功打入了普林斯顿大学资深学者的交际圈，并捕获了爱因斯坦的心，窃取了重要情报。

当时，美貌的科涅库娃是以访问学者的身份定居在美国的。美国普林斯顿大学有一次邀请科涅库娃的丈夫为爱因斯坦塑造一个雕像，科涅库娃由此结实了爱因斯坦。从此之后，爱因斯坦被她迷得神魂颠倒。十年后，科涅库娃夫妇返回苏联，爱因斯坦却因为心上人的离开而方寸大乱，他连续给心上人写了数封情书，每次都在后面强调一句“如果你不忙，就请尽快给我回信吧”。就这样，情报随着科涅库娃和爱因斯坦的来信不断传递，苏联因此获得了大量导弹、核武器方面的尖端技术资料。

在实施美人计的过程中，也需要一些前提条件。首先，你要选择的美人要跟你是一条心，也就是说你要和美人就一个共同战略构想而达成一致，以便她可以在没有指挥的情况下依然能从容实施战略意图。其次，这个美人不能只有脸蛋而没有头脑。世上美女多得是，但能身负重任的女人少之又少。科涅库娃之所以能够成功，首先在于她对自己祖国的忠贞，其次她是难得一见的美貌与智慧并重的女子，否则也很难捕获爱因斯坦的心。

第三十二计　空城计

原典

虚者虚之，疑中生疑[①]；刚柔之际，奇[②]而复奇。

虚虚实实，兵无常势。虚而示虚，诸葛而后[③]，不乏其人。如吐蕃[④]陷瓜州，王君焕死，河西汹惧。以张守珪为瓜州刺史，领余众，方复筑州城。版榦裁立[⑤]，敌又暴至。略无守御之具，城中相顾失色，莫有斗志。守珪曰："徒众我寡，又疮痍之后，不可以矢石相持，须以权道制之。"乃于城上置酒作乐，以会将士。敌疑城中有备，不敢攻而退。又如齐祖珽为北徐州刺史，至州，会有陈寇，百姓多反。珽不关城门。守陴[⑥]者，皆令下城，静坐街巷，禁断行人，鸡犬不乱鸣吠。贼无所见闻，不测所以[⑦]，或疑人走城空，不设警备。珽复令大叫，鼓噪聒[⑧]天，贼大惊，顿时走散。

注释

①疑中生疑：疑或之中生出更多疑惑。

②奇：效果出奇、惊人。

③诸葛而后：意思是诸葛亮使用“空城计”之后。诸葛，指诸葛亮。

④吐蕃：唐朝时期的少数民族，曾经非常强盛，甚至严重威胁到唐朝的地位。

⑤版榦裁立：夹板和木桩刚刚立好。版，指夹板。

⑥陴：城墙上有孔洞的部分，用于窥探城外情况。

⑦不测所以：弄不清当时的状况。

⑧聒：吵闹的声音。

译文

我军兵力本就不足，却还进一步向敌人显示这种情况，目的是让敌人难以捉摸。解卦说，若在双方兵力悬殊之时用此奇策，往往会达到惊人的效果。

虚中有实，实中有虚，虚虚实实，用兵没有固定不变的规律可以遵循。可以故意让敌人知道我方虚弱，利用敌人的疑心使其不敢轻举妄动，自从诸葛亮上演一出“空城计”之后，运用此计的人实在不少。如：唐代之时，吐蕃国攻下瓜州，主帅王君焕因战而死，造成了河西一带紧张的局面。朝廷得知后，又封张守珪为瓜州刺史。上任之后，他马上带领百姓们重修瓜州城。他们刚把夹板和木桩固定好，敌人就来攻击他们。此时没有任何可以防守的兵器，于是全城上下都慌了神，一个个都没有斗志。张守珪说：“敌众我寡，而且我们现在的状态可以说是满目疮痍，不能以正规的兵家之法对付敌人，而是要用到谋略。”于是张守珪在城门之上与众将士饮酒作乐。敌人看到这些，还以为对方早已有所防备，所以不敢轻易攻打便撤退了。又如官居北徐州刺史的北齐大臣祖珽，他刚到北徐州之时，南方的陈国大军前来进攻，许多百姓也随机谋反。张守珪下令不许关闭城门。而守在城墙上的士兵也退了下来，他们静坐于街巷，看到有进出的百姓和乱叫的鸡狗就加以阻止。陈国大军兵临城下，什么也看不到，什么也听不到，搞不清真实状况，于是便怀疑早已人去城空。这时，祖珽令所有士兵击鼓大喊，声音响彻天地。陈国大军惊慌失措，马上下令撤退。

解析

“明知不可为而为之，愚也。”这是孔圣人教育我们的金玉良言。然而，在战场上，当你陷入绝境时，难道就只能坐以待毙、束手就擒吗？为什么不做最后一搏呢？

三国时期，诸葛亮是有了名的深谋远虑，然而也有马失前蹄的时候。诸葛亮第一次出祁山时，因为错用马谡而失掉战略要地街亭，司马懿趁势率大军 15 万向诸葛亮所在的西城杀去。当时，诸葛亮身边没有大将，城内 5000 军队也派出一半去运送粮草，当众人听到司马懿带大军冲杀到眼前的消息后都大惊失色，认为自己大限已到。然而，诸葛亮却没有慌张，只见他沉思良久后，登上城楼召集众兵说：“大家切莫惊慌，一切听我号令。”

接着，诸葛亮开始有条不紊地传递将令，首先他要求把所有的旌旗都藏起来，然后让士兵原地待命，谁也不许随便走动，更不许私自外出或大声喧哗，否则违令者斩立决。接着，他又传令把四个城门全部敞开，每个城门派20名百姓洒水扫街。等诸葛亮将一切安排妥当后，自己则羽扇纶巾，左右各携带两名小书童，手捧鼓琴到城头碉楼凭栏坐了下来。待小童燃起一支香后，则悠然地抚起琴来。

司马懿的先遣部队到达城下后，看见城门大开，城内一片寂静，再看城门上诸葛亮犹如仙人般坐地抚琴，气氛十分诡异，于是不敢轻易入城，急忙将情况报告给了后面的司马懿。司马懿听后觉得奇怪，便亲自来看个究竟，果然在离城不远的地方看见诸葛亮端坐在城楼上焚香弹琴。只见诸葛亮神情气定神闲，再看旁边两名小童亦是悠闲自若，仿佛已经进入到那曲子中去。底下城门大开，打扫街道的都是那老弱残兵，动作不缓不慢，神情不急不躁。司马懿对此疑惑不已，然而他的两个儿子却已是急不可待，挥了两下马鞭就想冲进城去，结果被司马懿制止，还大喝道："我和诸葛亮打了半辈子交道，我知道他一生谨慎不曾冒险。现在居然把城门大开，里面必定有埋伏，我军如果进去就是中了他的计。"接着，司马懿便下了撤退的指令。就这样，诸葛亮以一座空城退了司马懿十几万大军。这就是《三国演义》中赫赫有名的"空城计"。

可见，"空城计"不仅是一种计谋或谋略，而是一场心理或气场较量。据说猛兽之间在斗殴前，都会有几分钟时间的对峙，双方你看着我，我看着你，其实也是在较量。这种较量斗得不是速度和技巧，而是气场，谁的气场更胜一筹谁就赢了，输的一方则夹着尾巴灰溜溜地跑了。所以很多时候真正的较量不一定要动用真枪实弹，往往是谁的心理足够强大。

“空城计”又是一出悬而又悬的“险策”。与其说是一招计谋，不如说是一场博弈。所以，运用此计的关键是要清楚地了解并掌握敌方将帅的心理状况和性格特点。诸葛亮之所以不得已而为之，使出一招“空城计”，一方面是实属无奈，总不能坐以待毙；另一方面则是由于他充分了解司马懿的性格特点。司马懿生性谨慎多疑，从来不打无准备之仗，正是因为如此，他才敢于出此险策。

勇气、理智、了解敌情这是施计人必须具备的三要素。首先，你必须要有足够的勇气才能出此险计。诸葛亮勇气可嘉，但施展此计不只要他一人有勇气，要所有人都拿出勇气来才行。否则，如果身旁的小童以及扫街的老兵个个神色慌张、战战兢兢，那么敌人看在眼里自然就会一眼识破。另外一个要素是要理智。必须要清楚地认识到除此之外别无他法，认识到这是不得已而为之的一件事。诸葛亮很理智，他要将这种气定神闲通过琴声传递给城内每一位在生死线上的士兵；他还要将这份自信通过琴声传递给对手。他的琴声是这样悠扬婉转，丝毫感觉不到一丝慌乱的迹象。最后一个要素就是了解敌情。这点上面已经说过，以诸葛亮对司马懿的了解，便可以将对方的心理活动猜出几分，正是这几分使得他认为有必要作此一搏。

在现代商业活动中，“空城计”也被广泛使用。经营者一个大胆的计划，一种奇异的构思，再加上虚张声势的行动，往往就能收到意想不到的效果。

北方某省大枣丰收，某大枣进出口公司却犯了愁，因为今年收来的大枣实在超出预算。正在这时，有外商前来问询大枣的行情。该公司认为这是一个好时机，一定要想方设法将大枣一次性卖出去，而且还要卖一个好价钱。

在谈判过程中，该公司故意将大枣的价格提高了几倍。外商对此十分不解，问为何今年大枣丰收，价格还这么高。该公司代表坦然地说：“正因为大枣丰收，所以很多客户得到消息，都要求收购大枣，这大大超出了我们的库存，正所谓‘僧多粥少’、‘狼多肉少’，就是这个意思。”

外商对此将信将疑，于是暂时中止了谈判。随后几天，果然又有许多客户来询问，该公司依然照同样的理由，以同样的价格回复他们。最后，经过几天的沉默，外商终于沉不住气了，心里想，如果真像所说的那样，供不应求的话，那么价格恐怕还得往上涨。他们又向同行去打听情况，结果同行反馈的情况也都是一样的价格、一样的说法。这下外商终于相信了，于是很快就与该公司签订了一大笔收购合同，唯恐迟了无货可供。这样一来，其他静观其变的客户也都沉不住气了，纷纷前来签订合同，结果短短几天内就把积压的大枣销售一空，最重要的是还卖了一个好价钱。

上面案例虽然不是“空城计”，但与“空城计”同出一辙。本来大枣多得愁人，却故意对外商说大枣供不应求，价格上涨，结果跟对方打了一场心理战之后，率先沉不住气的对方输了这一局。

第三十三计　反间计

原典

疑中之疑[1]，比[2]之自内，不自失也。

间者，使敌自相疑忌[3]也；反间者，因敌之间而间之也。如燕昭王薨[4]，惠王自为太子时，不快于乐毅[5]。田单乃纵反间曰："乐毅与燕王有隙，畏诛[6]，欲连兵王齐。齐人未附，故且缓攻即墨，以待其事。齐人唯恐他将来，即墨残矣。"惠王闻之，即使骑劫代将[7]，毅遂奔赵。又如周瑜利用曹操间谍，以间其将[8]，亦疑中之疑之局也。

注释

①疑：怀疑之意。

②比：利用，勾结。

③使敌自相疑忌：让敌人相互猜忌。

④薨：诸侯之死称为"薨"。

⑤不快于乐毅：不喜欢乐毅。不快，不喜欢的意思。

⑥畏诛：害怕被燕王诛杀。

⑦使骑劫代将：让骑劫代替乐毅为将领。

⑧间其将：离间曹操的大将。

译文

在已经布置好的疑阵上再布一层疑阵，利用敌人派来的奸细帮助自己，这样自己则不会损失任何东西。

所谓用间，就是使敌人互相猜忌；所谓反间，就是利用敌人自己的间谍来离间敌人，以达到战胜敌人的目的。如：燕昭王驾崩之后，惠王还是太子的时候就对乐毅心怀不满，于是田单利用这一点使用反间计说："乐毅与燕王不和，他害怕被燕王杀掉，就想与齐国联合起来，待时机成熟之时称帝。齐国无人附和，所以就延缓攻打即墨，然后等待有利的时机。齐国人担心燕王让别人代替乐毅，这样即墨就真的完了。"惠王听闻之后，马上派大将骑劫代替乐毅，乐毅就逃去了赵国。又如周瑜利用曹操派来的奸细来挑拨他的大将，这也是疑局中再设疑局的计策。

解析

在战争中，常常会用到了"反间"，即将敌人的间谍反过来为我所用。"反间计"可谓是"兵不厌诈"的最高体现。

赤壁大战前夕，曹操从荆州刘表的手中夺得一支强大的水军，其将领蔡瑁、张允也一并归入曹军帐下。蔡瑁、张允的这支水军十分强大，由于长期在长江上训练，素质极高。曹操的军队从北方而来，正愁无人能带水师，蔡瑁、张允的归顺无疑为曹操添翼不少。不过，东吴一方却着了急，他们的胜算本来就在曹操军队不通水战上，如今曹操多了这样一支精干的水师，不是锦上添花了吗？东吴的大都督周瑜曾经跟这支水师打过交道，知晓它的厉害。

这天，周瑜前去对岸观察曹军水寨，只见曹操的水师已经有模有样，水寨布置得也井井有条，这恐怕多亏了蔡瑁、张允两人的功劳。想到这，周瑜不觉心中烦闷，下决心一定要除掉这两个心腹大患。

而曹操也正打着自己的算盘。曹操本就识才爱才，更明白要想扫平群雄成就大业必须更多地招揽人才。这次来到江东，一方面是来收地盘，另一方面则是来搜集人才的，年轻有为的周瑜正是他十分钟爱的一个。即便现在两军对垒，曹操仍然欣赏周瑜的军事奇才，没有放弃对他招降的想法。恰巧曹操有一个叫蒋干的谋士是周瑜的同窗，蒋干明白曹操求贤若渴的心理，于是自告奋勇去东吴劝降周瑜。曹操欣然同意了蒋干的请求。

这天，周瑜正在营中议事，忽然听有人来报，说蒋干到了。周瑜立刻想到蒋干是来给曹操当说客的，不由得心中一喜，正愁没办法除掉蔡瑁、张允，这不就有人自动送上门来了。于是周瑜一边心里谋划着这出反间计该怎么用，一边就亲自出来迎接这位旧友同窗了。周瑜礼仪周全，并摆下了一桌盛大的酒宴，命东吴文武官员全部出席陪同，专门招待蒋干。

酒席之上，周瑜知道蒋干可能会当众劝降，于是立下规矩，酒席之上只叙友情、不谈军事。于是蒋干只好闭紧了嘴巴，尽兴喝酒。宴会过后，周瑜佯装大醉，和蒋干同床共眠。而蒋干劝降不成，无法交差心中颇感郁闷，难以入眠。于是他偷偷下床，在帐中走来走去，突然看见周瑜案上有一封信。蒋干斜眼看了一眼熟睡的周瑜，便打开了信，竟发现此信是蔡瑁、张允所写，内容是表达自己对曹操的不满，约定与周瑜里应外合击败曹操。

蒋干心里一惊，这时恰巧周瑜说着梦话翻了翻身，吓得蒋干连忙上床。过了一会儿，蒋干听到有人悄声进帐叫醒了周瑜，周瑜便起身和来人轻声交谈，中间还进帐看了看蒋干是否真的睡熟了。蒋干急忙装着熟睡的样子，却竖着耳朵听他们的谈话，但他没听清详细内容，只听到蔡瑁、张允二人投降的日期。

这下，蒋干对蔡瑁、张允二人的背叛深信不疑，连夜带着信件赶回曹营交给曹操。曹操本就生性多疑，一听此事顿时大发雷霆，不容分说就命人杀了蔡瑁、张允。然而，等事情过后，曹操冷静下来一思量，再拿信中字迹同蔡瑁的亲笔字迹一对照，才知道信是伪造的，自己完全中了周瑜反间计，然而后悔却来不及了。

《孙子兵法》专门有一篇《用间篇》，指出有五种间谍。利用敌方乡里的普通人作间谍，叫因间；收买敌方官吏作间谍，叫内间；收买或利用敌方派来的间谍为我所用，叫反间；故意制造和泄露假情况给敌方的间谍，叫死间；派人去敌方侦察，再回来报告情况，叫生间。可见，用间之计可以举一反三，反间是其中最厉害的，可以杀死敌人在不知不觉中。

同时，反间计纵然有大智大慧，但它的实施也是困难重重。要听任敌人的奸细深入到自己的阵营中而又不能泄露真实有价值的消息给对方，这确实不是容易的事情。为此必须要加强对间谍的控制，使其不能接触到真实的信息。要在间谍的身边演一出大戏，这需要极强的纪律性才能加以保障。周瑜为迎接蒋干，所演的一出群英会，以及帐中佯装熟睡而后又轻声跟人交谈，都需要纪律与演技并存才能配合好这出戏。周瑜军中的纪律实在严明，军中文武均在席间，却没有一个人露底的。周瑜的演技也确实到位，在帐中装睡，说梦话翻身，再到后来跟人悄悄交谈，中间还确认蒋干是否熟睡，每一个言语、动作都显得那么逼真，也难怪蒋干会上当。

反间计在应用上分为两种情况：一是发现了敌人派到我方的间谍，却不动声色，不揭穿他，而是将计就计，巧妙布局，故意传递给他一些虚假情报，当这个敌方间谍胸有成竹地将自己获得的假情报带回营中时，对方才算中了计，不知不觉中按我方的意图和计划行事；另一种情况是，揭破敌方的间谍，但并不简单地处置，而是对其劝导收买，让他继续给敌方的上级提供情报，当然这种情报也是假的。这样的间谍被称为双面间谍。不过，后者容易临阵倒戈，既然他能背叛一次，就能背叛第二次。要记住，背信者只能利用一次而不能利用第二次。

在现代商战中，运用反间计同样能够蒙蔽对手。19 世纪晚期，铁路运输业的发展带来了可观的利润，当时萨斯克哈拉铁路被称为煤炭、钢铁、石油的黄金通道。因此，华尔街的巨头古尔德和当时企业的风云人物范德比尔特都对这条黄金通道虎视眈眈，企图将其据为己有。

范德比尔特为了增加自己的筹码，竟跟古尔德的死对头第尔结成联盟，准备一起对付古尔德。第尔跟古尔德的确有过很深的过节，当时两个人联合收购伊利铁路，结果当收购成功时，古尔德却忘恩负义地一脚将第尔踢开。对此，第尔一直怀恨在心，发誓这次一定要报仇雪恨，非搞得古尔德倾家荡产不可。

古尔德面对不利局面，决定使一招反间计。古尔德对第尔十分了解，第尔就是个为了钱可以连父母都可以出卖的人。果然，当古尔德将一大沓花花绿绿的钞票摆在第尔面前时，第尔立刻变了一副嘴脸，两眼放光，好像将两人之间的过节全都抛在了九霄云外。随即，第尔就答应与古尔德合作，当起了双面间谍。

按照古尔德的指示，他故意向范德比尔特献计，让他去大量收购古尔德的伊利铁路股票，以便让古尔德顾此失彼，方寸大乱。范德比尔特信以为真，果然拿出巨资收购该股票，其实古尔德所出售给范德比尔特的都是假股票。为了将戏做得逼真，他还专门设立了一个小型印刷厂，专门制造这种假股票。结果，古尔德就用一堆废纸骗取了范德比尔特的700 万美元。当范德比尔特察觉事情不妙后，古尔德一伙人早已经将这笔巨款换成了金条，连夜偷渡越境了。

商业竞争说到底就是智慧的较量，谁能技高一筹，谁就能在市场中称王称霸。所以，我们必须练就一双过人的眼力，从而分辨那些高超的伎俩，防范敌人的反间计。总结来说，防范反间计可以从以下四点着手：

一要封锁信息。凡是重要的信息，决不能随便泄露出去，一定要严把封锁关；二是每一份情报都要经过仔细推敲，辨别真伪，多方取证。同一事件、同一地方，可以多方位获取情报，这样才可以将各方面信息相互印证。

第三十四计　苦肉计

原典

人不自害①，受害必真。假真真假②，间以得行。童蒙③之吉，顺以巽也。

间者，使敌人相疑也；反间者，因敌人之疑，而实其疑也。苦肉计者，盖假作自间以间人也。凡遣与己有隙者以诱敌人，约为响应，或约为共力④者，皆苦肉计之类也。如郑武公伐胡而先以女妻胡君⑤，并戮关其思；韩信下齐而骊生遭烹⑥。

注释

①自害：自残，自己伤害自己。

②假真真假：假如能以假乱真。

③童蒙：天真蒙昧。

④约为共力：约定好里应外合。

⑤“郑武公伐胡”句：郑武公征讨胡国之前，先把女儿嫁给胡国

国君。

⑥烹：古代的一种刑罚，用开水将人煮死。

译文

人一般不会自残，如果受伤，敌人一定以为是真的，不会怀疑。我方用这种方法以假乱真，敌人必信之，这样离间之计就算成功实施了。蒙卦中说，要欺骗就去欺骗那些天真如孩童的人，这样才会成功。

用间，就是使敌人内部相互猜忌，不能团结一致；反间，就是利用敌人的怀疑，将计就计使敌人把怀疑的目标转向其自己内部；所谓苦肉计，就是装作自己内部矛盾重重，并以此取得敌人的信任，打入敌方内部，并寻找时机进行间谍活动。凡是派遣内部与自己有矛盾的人去取信敌人，或者与敌人约定里应外合的行为，都属于苦肉计，只不过具体形式可能有所差异。如：郑武公讨伐胡国之前，先让女儿嫁给胡国国君，还杀了自己一位主张伐胡的大臣关其思；韩信拿下齐国之后，齐王就用烹煮之刑杀了郦生。

解析

要想派间谍混入敌人内部不是一件容易的事，苦肉计不失为一个良方。所谓“苦肉”，就是用自我伤害的办法取信于敌，从而将间谍成功送入敌人内部。

运用此计，“自害”是真，“他害”是假，是一种以真乱假的计策。没有人相信人们会“自己戕害”，于是认定对方已经发生了内部矛盾，并且矛盾已经发生激化。这个假象就让敌人觉得有机可乘，想伺机拉拢

“受害者”为己方所用，于是“受害者”便有机会成功钻入敌人心脏，转型为间谍。周瑜打黄盖的故事家喻户晓，这是一出典型的苦肉计，所以叫“一个愿打，一个愿挨”。两人事先商量好，戏虽假，但打人的动作是真，而且打得血肉模糊，无法不叫人同情，结果竟骗过多疑的曹操，诈降成功，烧了曹操80万大军。

还有一种苦肉计表面上看起来虽不苦，却也是一种自苦，这种苦还只有当事人才能体会，因此，它更能取信于敌。郑国的武公当年为了伐胡，不惜将自己的女儿许配给胡国的君主，并杀掉了主张伐胡的关其思，这才让胡不再疑心郑国的用心。等到时机成熟，郑国举兵一举歼灭了胡国。武公明明打定了主意去伐胡，但为了争取时机，不惜牺牲女儿的幸福，还杀掉忠心耿耿的爱将，这便是苦肉计的一种。

间谍工作本就复杂而变化多端。用间谍，使敌人互相猜忌；用反间计，是利用敌人内部原来的矛盾，增加他们互相之间的猜忌；而用苦肉计，则是佯装自己受害，怀恨在心，于是去做敌人的朋友，实际上受害是一种假象，到敌方从事间谍工作才是真。派遣同己方“有仇恨”的人去迷惑敌人，不管是做内应还是协同作战，都是一种苦肉计。

既然是苦肉计，不够苦是不行的，越苦越真，越能取信于敌。春秋时期，吴王阖闾暗杀了吴王僚，从而夺得王位。然而，吴王僚还留下一个儿子庆忌，阖闾始终对其不放心，害怕庆忌有一天会为父报仇。再加上，当时庆忌正在卫国扩大势力，并准备攻打齐国，夺取齐国王位，到了那时，两人再兵戎相见，胜负就难说了，因此不如先下手为强。

于是阖闾就让大臣伍子胥为他想办法除掉庆忌。伍子胥便向阖闾推荐了一位智勇双全的勇士，名叫要离。阖闾当即秘密召见了要离，他见要离身材矮小瘦弱，便说道："庆忌人高马大，勇武过人，你如何杀得了他?"要离回答道："要刺杀庆忌，靠智不靠力。只要我能打入敌人内部，设法接近他，那事情就好办了。"阖闾又说："庆忌对吴国防范最严，你要怎么才能接近他呢?"要离说："只要大王砍断我的右臂，再杀掉我的妻子，我便能取信于庆忌。"阖闾听了不肯答应。要离便说："为国亡家，为主身残，我心甘情愿。"于是，两人一商量，一出苦肉计便产生出来。

过了几天，吴都突然流言四起，说阖闾弑君篡位，昏庸无道。吴王震怒下令追查，最后发现散布留言的是一个名叫要离的人。阖闾于是下令捉拿了要离和他的妻子，要离还当面大骂吴王昏庸。阖闾认定要离有同谋指使，于是没有杀害要离而只是砍断了他的手臂，并把他夫妻二人关进监狱。

几天后，要离乘着狱卒看守不严而逃了出去。阖闾听说要离逃跑，当即杀了他的妻子。这件事传遍吴国，就连邻近的卫国也都家喻户晓。要离逃到了卫国，请求见庆忌一面，并将自己的经历向庆忌痛诉，希望庆忌能收留他，为他报断臂杀妻之仇。庆忌信以为真，于是便接纳了他。

要离不但成功接近了庆忌，还取得其十分的信任，成了其贴身亲信。要离劝庆忌伐吴，庆忌便乘船向吴国进发，不料要离乘庆忌没有防备之时，从背后用矛全力刺向庆忌，当即刺穿了庆忌的胸膛。庆忌的卫士要捉拿要离时，庆忌奄奄一息地说道："如此用心良苦来杀我的，想必也是个勇士，放他走吧！"最后，庆忌因失血过多而死。要离在完成刺杀庆忌的任务后，家毁身残，心灰意冷，便也自刎而死，以谢庆忌的知遇之恩。

要离虽然是自愿实行苦肉之计，最后也成功达成了目的，但看他的结局却不免令人心痛。这就告诉我们，施行苦肉计一定要慎重，这是一出苦而又苦的险计。自我伤害是一件非常痛苦的事情，成功率也较低，如果敌人铁石心肠或者多谋善断，那么他就不那么容易上钩；即使上钩了，最后勉强成功了，那么这胜利的果实中也包含了自己太多的血泪，代价太过惨重。

此计危险性太大，一旦"自苦"之后又被识破，不但要白白忍受自我伤害之苦，更有可能性命难保，最后落个弄巧成拙、偷鸡不成蚀把米的悲惨结局。另外一个危险性是指间谍有动摇的可能性极大。因为间谍打入敌人内部，大多打得是同情战。敌人的同情和厚待，有可能让意志不坚定的间谍产生动摇，最后逐渐迷失方向。要离固然意志坚定，没有忘记自己的使命，但在完成使命的那一刻，他的内心世界也轰然崩塌，因此才选择了自刎。

在实施苦肉计时，还要注意以下问题。首先，要懂得利用对方的情感骗取信任。只要是人，就都会有一颗恻隐之心，尤其当你们面临的是共同敌人之时，同病相怜的心理很容易让他接纳你。再者，要在苦肉计中实施离间计。你的任务是打入敌人内部，从而离间敌人，达到出奇制胜的效果。最后，苦肉计还可以作为一种卑鄙的陷害之计来应用，即偷偷将自己伤害，然后将这罪过嫁祸于人，使别人受到重重惩罚，甚至置人于死地，所以我们也要放亮眼，看清他人之“苦”倒底是真是假，以免中人圈套。而武则天当年就是这样陷害王皇后，从而夺取皇后之位的。

武则天本是太宗时的才人，只是一直未被宠幸。太宗死后，武则天被迫削发为尼送入寺中，不料唐高宗在寺中无意看到了她，立刻被她的美貌所吸引，将其召入宫中，封为昭仪。

武则天不满足于昭仪之位，而她看准的是皇后的位置，于是处心积虑想将王皇后搬倒。武则天当时已育有一女，尚在襁褓之中，而皇后一直无嗣，因此同高宗都很喜欢这个孩子，常来探望。一次，皇后又来看孩子，武则天故意支走所有人，自己也躲避起来，只留皇后独自一人逗孩子。皇后一走，武则天马上回来，含泪将亲生女儿扼死，再用被子原样盖上。恰巧这时高宗来看孩子，武则天便像往常一样说说笑笑地把高宗迎了进来。当她掀起被子时，突然大叫大喊，痛哭起来。高宗上前一看，小公主脸色发紫，手足已经冰凉。高宗龙颜大怒，立刻召集太监、宫女一一询问，最后大家都说只有皇后独自来看过孩子。悲恸欲绝的武则天虽然没有直接将杀女的矛头直指皇后，却趁势把平时收集到的皇后过失一一向高宗陈诉。高宗从此便有了废黜皇后的打算。不久之后，高宗力排众议，废掉了王皇后，立武则天为皇后。因高宗体弱多病，武皇后便长期把持朝政，直到废唐立周，实现了她的政治抱负。

苦肉计不仅适用于战争之中，还广泛地见于社会生活的各个领域。在现代经商活动中，经营者也可以利用“苦肉计”，对自己不合格产品集中进行销毁，用以引起广大群众的注意，树立自己企业的良好形象，这一时的损失，却换回下一步更多的利润，十分划算。

第三十五计　连环计

原典

将多兵众，不可以敌[①]，使其自累[②]，以杀[③]其势。在师中吉，承天宠也。

庞统[④]使曹操战舰勾连[⑤]，而后纵火焚之，使不得脱。则连环计者，其结在使敌自累，而后图之[⑥]。盖一计累敌，一计攻敌，两计扣用[⑦]，以摧强势也。如宋毕再遇尝引敌与战[⑧]，且前且却，至于数四。视日已晚，乃以香料煮黑豆，布地上。复前博战[⑨]，佯败走。敌乘胜追逐。其马已饥，闻豆香，乃就食，鞭之不前。遇率师反攻，遂大胜。皆连环之计也。

注释

①不可以敌：意思是不和敌人硬碰硬。

②自累：被自己拖累。

③杀：减弱，减损。

④庞统：号“凤雏”，刘备的谋士。

⑤战舰勾连：将多条战船的首尾连在一起。

⑥“其结在使敌”句：“连环计”的关键在于让敌人自我拖累，然后再去想办法攻之。

⑦两计扣用：两种计策相互呼应。

⑧引敌与战：引诱敌人与自己作战。

⑨复前博战：再次向敌人挑战。

译文

如果敌军兵多将广，就不能去跟他们硬碰硬，应该想办法让他们自己成为自己的负累，以减损他们的力量。师卦中说，若主帅能灵活地运用计策，那么打败敌人则非常容易，好像有天相助一般。

庞统用计让曹操把大小战船用铁链连成一大片不能随意移动，然后派人纵火焚烧，使之无法逃散全军覆没。所谓连环计，就在于设法使敌人自己束缚住自己，然后再去设计进攻他。一般规律是：设一计使敌人自己束缚自己的手脚，再用一计从正面对敌人发起进攻，二者相互呼应，就能达到摧毁强敌的目的。如：宋朝的毕再遇，曾把敌人引来和自己对战，时而前进，时而后退，就这样来来去去了几次。见天已逐渐变黑，于是把香料煮过的黑豆抛洒于地面之上。重新向敌人挑衅，之后佯装失败逃走。敌人乘胜追击，此时他们的战马早已饥肠辘辘，闻见豆香之时，马上大吃起来，用鞭子打也不前进。于是毕再遇率领大军反攻敌人，取得了胜利。这两个例子用的都是连环计。

解析

两军对峙，战争形势复杂多变，两军之中又多是经验丰富的用计高手，因此只用一计，很容易被对方识破。这时，一计不成再施一计，一计套一计，连环相扣，往往就能迷惑敌人，让其虚假难辨，从而落入陷阱。

三国时期的庞统是个用计高手，有“凤雏”之名。当年赤壁之战前，正是庞统潜入曹营，将一计连环计送给了曹操。曹操为此还喜不自胜，没想到正是这连环计烧了他80万水师大军，自己也险些丧命火海。

庞统的连环计是真正的连环，表面上看，将船只用铁链环环相扣，能让船更为平稳，所向披靡，殊不知它也有极大的弊端，一旦遭受火攻，一船着火，十船遭殃，百船难逃。庞统佯装献策，实际配合周瑜的苦肉计将曹操害得好苦。

连环之计是一出十分高明的计，它讲究接连施计，一计用来累敌，让敌人真假难辨，找不到方向，一计用来攻敌，敌人纵然避开一计也难逃第二计，最终只能束手就擒。

南宋时期，朝廷在江左立足还未稳，再加上金军不时南下骚扰，可谓是内忧外患。为了抵御金军的骚扰，刘锜被任命为东京副留守，率军三万余人前往东京汴梁驻扎，其目的在于从侧后方牵制敌人，保卫刚刚成立的江南朝廷。然而，大军刚抵达顺昌时就得到前方来报，说东京已被金兵占领，另还有大批金兵正向南涌入，此刻两军就要交会了。刘锜只好临时更改作战计划，就地驻扎在顺昌准备牵制住敌人的脚步。他首先下了三道指令：一是派人日夜轮班加固城防；二是令人赶制大批防御器械，越多越好；三是让人在城墙上增修躲避箭矢的工事，并在城墙上挖许多可供瞭望和射箭的垛口。

工事刚刚完毕，金兵就气势汹汹地扑面而来。刘锜心中早已有了计划，他先上演了一出空城计，大开城门以迷惑敌人。果然，金兵怕城中有埋伏不敢贸然进城，只是远远放箭。刘锜早就命人增修了避箭工事，所以金兵的万箭齐发全都打了水漂。宋兵早已事先安排在了城墙刚刚修好的垛口里等待时机向金兵射箭，敌人受到很大的创伤。金兵见顺昌易守难攻，只好决定退守 20 里。

刘锜见金兵有败退之象，认为这正是决一死战的好时机，于是率部将冲出城去追逐，结果把敌人打了个落花流水，更有不少金兵慌张中掉进颍水中淹死。最后，敌人驻扎在 20 里外。不料，金兵的营帐还没搭稳，刘锜就趁着雷雨之夜，带 500 名勇士摸进金兵大营进行偷袭，金兵猝不及防死伤无数，只得撤退 30 里处扎营。第二天晚上，天上仍雷雨轰鸣，刘锜又组织了百余人，身穿黑衣，人手一只竹制哨子，冲杀进金营。这些黑衣人只等雷电一闪就跃起猛砍敌人，同时哨声大作，电光一灭就伏下不动。在这个雷雨交加的漆黑夜晚，金兵被吓坏了，以为有鬼怪作祟，于是又撤退 50 里处扎营。

这时，金军主帅金兀术听说先锋部队屡战屡败，节节败退，便亲率大军十几万赶来增援。刘锜早就设下苦肉计，只等诱敌深入，他派一名战士在战斗中故意坠马被金兵俘虏。当金兀术审问他时，他便按照刘锜教给他的说：“刘锜其实就是一个花花公子，只懂得耍一些小花招，但要真正带兵打仗，他就不行了。”金兀术在金国是个赫赫有名的将领，本就对宋国这些将领不屑一顾，如今又听人这样评价刘锜便更加轻敌了，于是，不管三七二十一就率大军向前推进。

刘锜料定敌人会过颍河，于是让人在颍水河南岸的水中撒下大批毒药，又派人送信给金兀术说：“不知道你敢不敢过颍水作战，不论敢不敢，我都已经在颍水上架了五座浮桥迎接你。”金兀术果然中了刘锜的激将法，他见刘琦如此轻视自己，立即率主力杀到颍水边。颍水上果然架着五座浮桥，金兀术想也未想就下令大军稍作整顿便过浮桥，结果人马饮水时中毒的不计其数。刘锜则让手下自备水、粮，慢慢靠近颍水沿岸。当他看到大批敌人因中毒而陷入混乱后，刘锜率军突然杀出，打金兀术一个措手不及，最后金兵只好狼狈退兵。

连环计的运用重在一个布局。只有布局周密完整，没有破绽，才能完美地施展。如果其中一环出现问题，就很有可能牵一发而动全身，毁了整盘计划。就像下棋，虽然每次只能走一步，但走这一步之前，一定要预料到底下三步、四步。只有这样，步步为营，环环相扣，才能把握整个战局。

我们在实施连环计时，一定要把握以下几个要点。其一，将各个环节有机地结合起来。连环计的高明就在于环环相扣，单一的计谋往往无法达到预期效果，而连环计则能让多个计谋相辅相成，一条计策失败之后不要紧，另一条计策马上接着实施，不让行动被迫中止下来，那么胜算就大了很多。再者，要掌握各个环节的特点，将其糅合为一个有机整体。如果每条计策分散开，各个计谋间并没有相互关联，那么就容易被敌人逐个击破。任何奇谋妙计，都需要有相应的条件为基础，连环计更是讲求连贯、配套，如果胡乱搭配的话，不但不能制胜，反而容易贻笑大方。最后，连环计重在一计累敌，一计攻击。累敌是要让敌人中计之后“自累”，即让敌人内部发生矛盾，激化矛盾，从而产生内耗，削弱他们的力量。当然，如果达不到“自累”的效果，我们还可以根据敌人贪婪恋战的心理特点，送给他们以小利，让对方仅仅抓住这些利益不放，最后尾大不掉，形成一个拖累他们的包袱。

值得注意的是，虽然两个以上的计策连用才称得上连环计，但是用计的数量重要，质量更重要。因此，连环计的实施对施计人的要求甚高：首先你要有一个敏锐的战术嗅觉，即使在事件紧迫的危急情况也能够很快发现施计空间，从而使计策呈现出连绵不绝的态势；除此之外，在计策与计策的衔接能力上对施计人也有很高的要求，计策之间不能彼此拆台，而是要形成合力。

第三十六计　走为上计

原典

全师[1]避敌，左次[2]无咎，未失常也。

敌势全胜，我不能战，则必降、必和、必走。降则全败，和则半败，走则未败。未败者，胜之转机也[3]。如宋毕再遇与金人对垒，度金兵至者日众[4]，难与争锋。一夕[5]拔营去，留旗帜于营，豫缚生羊悬之[6]，置其前二足于鼓上，羊不堪倒悬，则足击鼓有声，金人不觉为空营[7]。相持数日，乃觉，欲追之，则已远矣。可谓善走者矣！

注释

①全师：保全自己的军事力量。

②左次：指军队后退。

③“降则全败”句：投降则彻底失败，讲和算半败，逃走则不是失败。不但如此，而且还是转胜的机会。

④日众：意思是援兵越来越多。

⑤一夕：指某天晚上。

⑥豫缚生羊悬之：事先绑住活羊吊在半空中。豫，事先，预先。生羊，指活羊。

⑦金人不觉为空营：金人没有发现毕再遇的大营已空。

译文

保全自己的军事力量，避开敌人。师卦说，以退之法避敌并没有违背用兵的法则。

如果敌方兵力处于绝对优势，我不能与之硬拼，只有投降、媾和与退却三条路可以选择。投降就意味着彻底的失败；媾和也属于半败；退却不但不是失败，反而是转败为胜的契机。如：宋朝的毕再遇和金人作战之时，想到金兵派来的救援日益增加，自己很难与对方匹敌。所以就在某天晚上拔营撤退，把军旗全都留在营地之中，还把羊绑住吊起来，让羊的前蹄站在鼓面上。当羊忍受不了倒悬的痛苦之时，蹄子就会动来动去把大鼓敲响，这样金人就不会发现对方早已人去营空。直到几天之后才发现，再去追赶之时，毕再遇的军队早已走远。此乃善于撤退之例。

解析

所谓“好汉不吃眼前亏”，这是自古就流传下来的至理真言，然而事实上，很多人都做不到这一点，比如力能拔山气盖世的项羽。连大英雄项羽都过不了的一定是难关，所以三十六计将一个“走为上”放在最后。

这个“走”可不简单，其难有二：第一是不愿走，项羽就是宁愿潇洒地死去也不愿意逃亡，于是宁死不肯过江东，终于自刎于乌江。“走”就是逃，就是败，很多人正是因为过不了心头这关，只有那些百忍成金、有企图心的人才能走得开。比如曹操，前半生可以说一直在逃亡，而且逃得有声有色。刺杀董卓不成后，曹操东跑西颠，在濮阳败给了吕布，在宛城又输给了张绣，后来好不容易创下一片江山，一个赤壁之战，差点把他烧死在长江上，后来侥幸逃脱又差点死在关公的刀下。他好不容易逃到了潼关，衣衫褴褛却仰天大笑，嘲笑刘备没有早一点点火，否则自己早就烧成灰烬了！最后，东走西颠的曹操却坐拥了天下。

另外一个难点在于想走却走不了，后有追兵前有堵截，一走可能反而容易暴露，从而被乘势追杀。走得目的在于保存实力，如果对方追亡逐北，追不到你誓不罢休，那么这和没走就没有区别。所以，走得机巧，让敌人不敢追，即使追也追不上。

走也要看情形，有的“走”是看寡不敌众，溜之大吉，这跟曹操的逃亡不一样。当年鸿门宴上，杀机重重，刘邦看情形不对，便借口上厕所，同张良、樊哙一同出帐。樊哙护送刘邦抄小路脱身，张良则孤身一人留下以拖延时间。待觉得刘邦已走远后，张良才重返帐中，向项羽辞别说：“沛公不胜酒量，不能亲自向大王辞行，特地让我带来白璧一双、玉斗一双奉献给大王和范将军。”项羽问：“刘邦现在何处?”张良答道：“他听说大王要责备他，心中恐惧，现已返回霸上了。”范增听说刘邦偷偷溜了，气急败坏地砸碎玉斗，指着项王的鼻子说：“将来夺取项王天下的，一定是刘邦了。我们今后都要当他的俘虏了！”果不其然，最后逼死项羽，夺取天下的正是这个当年以上厕所为由而溜之大吉的刘邦。

面临寡不敌众的情形，人们往往有几种选择，求和、降服、硬拼、撤退。求和必然妥协；降服势必丧失操守；硬拼注定牺牲；只有撤退才可保全自己。即便有损英雄气概，但如果日后可以卷土重来，那么这时的委曲求全又算什么。刘邦就是一个能适时选择上计的智者，而项羽注定只能借昔日的英雄形象存活在人们的幻想之中。

“走”之所以为三十六计中的上策，是因为它采取的是一种有计划的主动撤退行为，为的是避开强敌，寻找战机，以退为进。所以当两军对垒，而敌我力量悬殊，敌强我弱时，切勿冲动而为，拿鸡蛋和石头碰，不如一走了之，留得青山在，不愁没柴烧。再者，“走”字重点在于知难而退。明知山有虎偏向虎山行，这不是智者的行为，而是莽夫的行为。知难而退不是消极应对，而是一种见机行事的灵活，既然做不成还不如早早放弃，省下时间和精力等待更好的时机。最后，要明白撤退的目的是以退为进，各个击破。我们可以借着退却来做诱敌之功。通过伪装呈现给敌人以撤退的假象，从而诱敌深入到我们事先设计好的包围圈，然后逐个击破。

走为上计在为人处世上更体现为一种深不可及的大智慧。范蠡在帮助勾践灭吴之后，就在一个夜黑风高的晚上，带着珠玉宝物，与心腹亲信乘船渡海出逃了。范蠡归隐后，曾写信给大夫文种，信中这样说道：“飞鸟尽，良弓藏；狡兔死，走狗烹。越王为人长颈鸟喙，可与共患难，不可与共乐。子何不去?”意思是说，飞鸟射杀完了，好弓就会被束之高阁，再也不被重用；狡猾的兔子猎取光了，猎狗就会被煮了吃掉。越王为人阴险狠毒，工于心计，做臣子时我们可以与他共患难，但却不能跟他共富贵。您还是早些离开吧！

文种接到信后，虽然已经认识到大王待他已大不如前，但因为心有不甘，还是决定留下来观察一段时间。这时，越王勾践日夜享乐，文种每每劝谏无果，也十分心灰意冷，经常称病不上朝。不料，这倒给小人落下了把柄，有人向越王进谗言，说文种自恃有功，倨傲朝堂，背地里还结党营私，有意造反。越王勾践正好找到处置文种的借口，便赐他一把剑，说：“您教给我进攻吴国的七条计策，我只用了三条就打败了吴国，还有四条在您那里。您去跟随我死去的国王父亲，试试那些计策吧。”文种这时无不感叹范蠡的英明，后悔自己不听劝告，落得这样的下场，便拔剑自刎了。

勾践逼死文种，不仅是因为文种已经丧失了利用价值，还因为文种的才能非常突出，勾践怕他会威胁到自己的统治权力。而范蠡的聪明之处就在于他早就看穿了这一点，所以早早地离开越国，幸免于难。

范蠡的这种“走”是一种急流勇退，是豁达。当然，不论是战场还是官场上，急流勇退都不是一件易事。战场上，人们容易恋战，官场上人们容易贪恋权力，因此就算已经意识到形势对自己十分不利，也不舍得“走为上”。这时，“走”反而需要极大的勇气和魄力，我们需要克服自身的弱点，需要割舍掉既得的利益。

生意场上，同样需要时刻准备“走”的魄力，只知前进不知后退的人，往往会碰壁。经营和作战一样，要知道何时前进，何时撤退。要记住，为了成功，有时撤退也是必要的。只有能够真正把握时机，懂得及时退出的人，才是真正的经营高手。

第二次世界大战之后，松下公司接受委托经营一家濒临倒闭的缝纫机公司。松下幸之助之所以接收这样一个烂摊子，是自信能够使这家濒临倒闭的缝纫机厂起死回生，然而实践起来，他才发现自己对这方面的业务太生疏了，而当时经营缝纫机市场竞争又十分激烈，松下陷入了经营困境。

如果不及时抽身，恐怕会被这家公司拖垮，这是松下当时最真切的预感。然而，他对此又十分不甘心，明明投入那么多资金，做了那么大的努力，更何况这件事还会被人当成笑柄，实在太丢面子了。不过，再三考虑之后，松下还是做出了正确的判断，如果因为这些损失而犹豫不决的话，将来的损失反而会更大，于是他适时放弃了这个工厂。

后来松下公司因为研发大型电脑而进入辉煌期，但到了 20 世纪 60 年代，松下突然宣布从大型商务用电脑业退出。当时，很多人对此不理解，电脑业当时正如日中天，为何突然抛下已经投入十几亿日元的研究项目而不做了呢？不过，几年之后，人们便不言而喻，原来家用电脑和个人电脑很快蜂拥而上，大型电脑如江河日下，很快便被市场淘汰，被人们遗忘。可以说，松下的成功就在于他是一个知进退的人，所以才有松下公司的发展壮大。